空间经济学研究前沿系列　　　总主编　张学良

开发区政策与异质性企业出口行为
以长三角地区为例

李丽霞　著

DEVELOPMENT ZONE POLICY AND EXPORT BEHAVIOR
OF HETEROGENEOUS FIRMS

上海财经大学出版社

图书在版编目(CIP)数据

开发区政策与异质性企业出口行为:以长三角地区为例/李丽霞著.
—上海:上海财经大学出版社,2023.5
(空间经济学研究前沿系列)
ISBN 978-7-5642-4139-1/F•4139

Ⅰ.①开… Ⅱ.①李… Ⅲ.①长江三角洲-技术开发区-产业政策-影响-企业管理-出口贸易-研究 Ⅳ.①F752.62

中国国家版本馆 CIP 数据核字(2023)第 044629 号

□ 责任编辑　李成军
□ 封面设计　贺加贝

开发区政策与异质性企业出口行为
——以长三角地区为例

李丽霞　著

上海财经大学出版社出版发行
(上海市中山北一路 369 号　邮编 200083)
网　　址:http://www.sufep.com
电子邮箱:webmaster@sufep.com
全国新华书店经销
上海新文印刷厂有限公司印刷装订
2023 年 5 月第 1 版　2023 年 5 月第 1 次印刷

710mm×1000mm　1/16　12.5 印张(插页:2)　174 千字
定价:78.00 元

总　序

推动区域协调和高质量发展是我国现代化经济体系的重要内容,也是构建新发展格局和实现经济整体高质量发展的重要支撑,在中国式现代化建设中发挥着至关重要的作用。党的二十大报告指出,要"深入实施区域协调发展战略、区域重大战略、主体功能区战略、新型城镇化战略,优化重大生产力布局,构建优势互补、高质量发展的区域经济布局和国土空间体系"。新中国成立特别是改革开放以来,我国立足地理大国、人口大国的现实,不断适应新的阶段和形势变化,走出了一条既符合客观经济规律又具有鲜明中国特色的区域发展之路。尤其是随着城市化进程的不断推进,我国经济发展的空间结构不断优化和完善,逐渐形成了从开发区到城市再到都市圈、城市群及更大范围城市群融合发展的多层次、多形式、全方位的空间体系和联动格局,构成了资源和要素集聚的主要载体,有力支撑起我国区域协调发展和社会主义现代化建设的全局。在此背景下,也迫切需要学者将相关理论与我国发展实践相结合,更好地讲好城市化的中国故事。

经济学的研究关注资源的优化配置,主要回答"生产什么""怎样生产""为谁生产"的问题。但现实中,经济活动需要以一定的空间作为载体,其相互作用和相互关联最终会在空间上呈现出一定的分布形态和结构特征。资源要素在空间的优化配置即"在哪里生产"的问题也是经济体系的关键环节。传统经济学研究在建模时往往将空间视为同质而忽略空间因素,随着相关学科和区域经济的发展,空间在经济发展中的作用日益被重视,空间的异质性也逐渐纳入主流经济学模型的分析。区域经济的发展是地理空间和经济空间的有机统一,考虑到区域空间的异质性,要素资源的禀赋不同,生产方式和配置效率也会存在差异,从而不同空间会具有不同的产出规模和产出效率。从这种意义上说,空间也可以视为一种要素,具有自身的价值,经济的发展不仅是空间中要素和商品的生产,更是一种"空间的生产"。开发区、都市圈、城市群等的发展实践和理论研究的兴起,也正体现了从均质空间到异质空间再到特殊空间的演进。

集聚是塑造经济地理的重要力量,也是决定空间价值的关键因素。通过空间上的邻近,要素、商品和信息会具有更低的流动成本,经济主体可以享受到更多的中间投入品、更大的劳动力市场和需求市场,同时能够接触到更多的技术和信息,这种由产业上下游关联和技术知识溢出所带来的外部性能够促进经济绩效的提升。城市是生产和消费活动的主要集聚地,城市的出现和发展从经济意义上说也正是源于经济活动空间集聚所形成的正外部性。进一步考虑产业属性,集聚经济效应对城市来说会产生两类好处,即同一产业集聚的地方化经济与不同产业集聚的城市化经济,二者推动了专业化城市和综合性城市的形成。而当城市被赋予社会和政治属性(即成为行政管理的空间单元)时,一定程度上也将这种外部性内在化了。

城市不是孤立存在的,随着城市化、工业化和信息化的不断推进,要素跨城市配置的特征逐渐显现,城市之间的交流联系也日趋密切,城市日益呈现区域化和网络化的发展趋势,由地域上相近的不同规模和功能的多个城市聚合而成的城市群逐渐成为区域发展的主要空间组织形式,同时通过城市群来实现大中小城市的协调发展也是我国城市化道路的必然选择。城市群的发展本质上是城市体系不断完善和整合的过程。不同城市之间形成产业功能的重新分工与配置,同时城市间贸易成本不断降低,推动建立统一市场,形成密切的经济联系,实现资源在更大范围城市体系内的集聚、流动与优化配置。从城市到城市群,是集聚空间的一种扩展,体现了生产从企业集聚到产业集聚再到城市集聚的延伸,各个城市间的相互作用也会形成一种互为补充和溢出的外部性,产生"1+1>2"的经济效应,从而地方化经济和城市化经济也逐渐向城市群经济演进。

都市圈也是现代化城市体系构建中的重要一环,是连接城市和城市群的关键纽带。都市圈依托中心城市形成,同时具有超越单个城市进行跨行政区域资源配置和区域治理的属性,而与城市群相比,都市圈往往空间尺度相对较小、圈内城市联系更为紧密,区域经济的整体性和协调性也相对更高。因此,小尺度、跨区域、精准化的都市圈是突破行政边界的基本单元,也是城市群发展的基础空间单元和不可逾越的阶段,有利于打破区域内部各城市间的行政壁垒,促进要素跨区流动。促进区域协调发展战略的实施、提高区域政策的精准性,应当及时推进跨区域层面的都市圈建设,以促进要素流动、明确区域分工、加强城市治理和协调机制建设,形成都市圈"功能—产业—人口—空间—生态—公共服务"相协调的发展格局。而从城市到都市圈再到城市群的发展,体现着行政区经济向功能区经济的转变,实现地理边界、行政边界、经济边界与社会边界的不断耦合。

伴随技术革新、产业升级以及交通设施的改善,特别是我国作为"高铁大国",大规模的高铁建设和高铁网络的不断完善,不仅是群内城市之间的关联,在更大的空间范围内,城市群和都市圈之间的关联也日趋增强。党的十八大以来,我国区域协调发展走向深入,相继实施了京津冀协同发展、长江经济带发展、粤港澳大湾区建设、长三角一体化发展、黄河流域生态保护和高质量发展、成渝地区双城经济圈建设等一系列区域重大战略。在不断完善自身发展、发挥增长极带动作用的同时,各主要战略区域所涉及的城市群以及中心城市都市圈之间的联动也日益深化。由国家中心城市成都、重庆、西安、郑州、武汉形成的中西部小"钻石—菱形"城市区域以及由京津冀城市群、粤港澳大湾区、长三角城市群、成渝双城经济圈、长江中游城市群以及郑洛西高质量发展合作带构成的全国大"钻石—菱形"空间协同发展格局正在浮现,构建起国内大循环"点—线—面"的合作基础。

而在更小的城市内部空间尺度，开发区的建设也是我国区域发展实践的重要特色，先行先试探索改革开放的实现路径和实现形式，成为自下而上改革的"空间试验场"和地区经济发展的重要引擎。作为一项区位导向型政策，开发区既是重要的政策高地，也是重要的集聚高地，通过优惠的政策措施、精简高效的制度安排和良好的基础配套设施，有效推动了产业的集聚，在推动经济增长和结构调整方面发挥着重要的作用。同时，开发区也是我国对外开放的重要"窗口"，立足于开放，创造出便利的投资环境和贸易条件，积极吸引外资进入和开展外贸活动，集聚了大量的外向型企业，成为外向型经济发展的重要平台和空间载体。对此，优惠政策和集聚经济在开发区这样一个特定空间单元的交叉必然会作用于开放发展的进程，形成特定的发展特征，而探讨和研究开发区政策对企业出口贸易行为的影响，也具有重要的理论和现实意义。

收入本丛书的各书作者均为区域研究领域的学术新秀，也大多毕业于我的团队，从事区域经济、城市经济、空间经济的前沿研究，能够做到将理论与实践相结合，将研究写在中国的大地上。祝贺大家取得阶段性成绩，也预祝大家在将来的学术研究与社会服务中取得更大的收获。

张学良于上海财经大学红瓦楼
2023 年 3 月

前　言

　　为了实现特定经济和政策目标而设立开发区的做法在全球范围内得到了广泛应用,然而开发区政策的合理性和有效性却一直存在争议。同样,开发区也是我国典型的区位导向型政策,是地方政府促进当地经济发展的重要平台和抓手。在过去40多年改革开放的历程中,开发区作为中国改革开放的"空间试验场",在促进对外开放以及经济增长中发挥了重要作用。新时期构建国内国际"双循环"相互促进的新发展格局,也要进一步发挥开发区对外开放平台的作用。中国的开发区在形态上是具备大量优惠政策以及良好营商环境和基础设施的空间单元,在功能上是对外开放的重要窗口,是吸引外来投资、引进先进技术和管理经验、推动产业集聚和结构调整、促进就业和经济增长的重要平台。尤其是作为我国对外开放的平台开发区有力地推动了中国外向型经济的发展。企业作为开发区的微观主体,其生产经营情况是开发区发展绩效的直接体现。为了实现开发区的政策和经济目标,政府部门往往会通过向开发区提供各类优惠政策和融资便利等来促进企业的发展,在一定程度上可以说开发区既是政策高地也是集聚高地。在此背景下,我们不禁要思考这样一个问题,既然我国外向型经济的发展以开发区作为重要的平台和空间载体,那么开发区是否也在一定程度上影响了企业的出口行为?

　　本书主要聚焦于开发区对外开放平台的作用,研究开发区政策如何影响区内异质性企业的出口行为,具体包括企业的出口选择行为和出口学习行为。新新贸易理论的异质性企业贸易理论指出,由于出口市场进入成本的存在,只有高效率的企业才能进入出口市场,并将此称为出口选择行为,此外,企业进入出口市场能够通过出口学习获得生产率的提升,并将此称为出口学习行为。基于此,本书详细探讨开发区影响企业出口行为的理论机制,并主要以长三角地区所有国家级和省级开发区为例,基于微观企业数据对本书的理论机制进行实证检验,以期为我国开发区的合理性和有效性提供理论和经验支撑,也为异质性企业贸易理论提供更加丰富的经验证据。

本书的理论分析认为,开发区作为我国的政策高地和集聚高地,其作用的发挥主要是通过优惠的政策措施和大量企业共聚产生的集聚经济,前者被称为开发区的政策效应,后者被称为开发区的集聚效应。对企业的出口选择行为而言,开发区所提供的一系列优惠政策以及区内大量企业共聚形成的溢出效应能够有效降低企业进入出口市场的固定成本,并弥补企业的可变成本,从而降低企业进入出口市场的生产率临界值,使得低生产率的企业也能够进入出口市场。就企业的出口学习行为而言,开发区过多的优惠政策也可能使企业形成一定的政策依赖,降低企业的竞争意识和学习创新的内在动力,从而不利于企业通过出口促进生产率提升。而开发区内大量外资和出口企业的集聚,非出口企业通过与外资企业以及出口企业之间的信息共享和知识溢出等,就可以获得出口市场的溢出效应,从而导致企业进入出口市场之后所能获得的生产率提升比较有限。在理论分析的基础上,本书基于1998—2013年(不包括2010年)中国工业企业数据库的制造业企业数据,对上述开发区影响企业出口行为的作用机制进行了实证检验。根据实证结果,总体来看,就出口选择行为而言,开发区外新出口企业的生产率水平显著高于非出口企业的生产率,完全符合异质性企业贸易理论的预期,而开发区的作用降低了企业进入出口市场的生产率门槛,使得企业出口的临界生产率低于内销的临界生产率,从而部分低生产率的企业只能进入出口市场。此外,就企业的出口学习行为而言,开发区内外的企业出口均能够带来明显的生产率提升,但是开发区内企业生产率提升的幅度要小于开发区外的企业。本书分别基于 Logit、近邻匹配估计等不同估计方法,考虑开发区的选择效应、开发区类型以及企业所有制异质性的稳健性检验均得到了与上述结果一致的结论。

进一步地,本书分别从开发区政策效应和集聚效应的角度实证检验了开发区影响异质性企业出口行为的具体作用机制。就开发区的政策效应而言,本书分别从企业出口密度、税收政策以及开发区升级的角度入手,发现开发区内企业的出口密度越高,其进入出口市场的临界生产率水平就越低;同样,开发区内高密度出口企业的学习效应也相对有限,这在一定程度上表明开发区针对高出口密度企业的政策措施扭曲了企业的出口行为。进一步对税收政策的分析表明,开发区外企业的税收负担提高了其进入出口市场的生产率门槛,税收负担越重,企业进入出口市场的生产率临界值也越高,而开发区内企业的税收负担并没有成为阻碍企业进入出口市场的障碍,这在一定程度上说明了开发区内的各类优惠政策的确有利于减轻企业的税负。在此基础上,本书进一步从开发区升级的角度检验了开发区的政策效果,发现省级开发区升级为国家级开发区之后,显著降低了企业进入出口市场的生产率临界值,同时开发区升级之后企业从出口中获得的生产率提升受到了限制。此外,就开发区的集聚效应而言,从开发区层面来看,具有较高集聚度的开发区内的企业进入出口市场的生产率临界值也较低,同样,开发区较高的集聚度限制了企业的出口学习效应,可见开发区的高集聚度扩展了企业出口的广延边际;另一方面,开发区的集聚效应也限制了企业通过出口学习获得的生产率提升,这在一定程度上反映了集聚效应和出口学习效应二者之间具有互补性,集聚效应在一定程度上抵消了企业的出口学习。同时,开发区对其周围1~3公里范围内的企业产生了明显的集聚溢出效应,显著降低了企业进入出口市场的临界生产率水平。

本书的创新点主要体现在以下几个方面:第一,研究视角的创新。现有的关于开发区的研究多是从宏观角度评价开发区的经济绩效,但是企业作为开发区的微观主体受到的关注较少,已有的从开发区视角研究微观企业行为的文献大部分仅关注开发区对企业生产率的影响,而对企业出口行为尤其是企业出口选择和出口学习的关注不足。因此,本书的研究也为以开发区为代表的地区导向型政策的实施效果评价提供了新的视角和新的证据。同样,本书通过分析开发区政策对区内企业出口选择和出口学习的影响,发现开发区政策是造成企业出口和生产率负向相关的重要原因,也为解释我国企业"出口—生产率悖论"提供了一个新的视角。第二,本书识别开发区企业和界定开发区空间范围的方法是对现有以开发区为主题的研究的有益补充,已有研究对开发区空间范围的界定以及开发区企业的识别不够准确,而开发区空间范围的准确界定和开发区企业的精确识别是以开发区为主题的研究的前提和基础。本书主要根据开发区的四至范围、借助 Google 地图画出开发区的边界,并通过提取企业的经纬度借助 ArcGIS 软件将企业上图来识别企业是否位于开发区内;基于本书开发区空间范围的界定和开发区企业识别方法的研究也是对已有研究结论的补充和验证。第三,延伸了研究的样本区间,中国工业企业数据库已经在已有的研究中得到了广泛应用,但是大部分研究仅使用了 1998—2007 年的数据,这在一定程度上限制了研究结论的时效性,很难对更新的现实情况进行准确反映,本书主要使用 1998—2013 年(不包括 2010 年)的中国工业企业数据库,从而能够为异质性企业出口行为以及开发区的研究提供相对更新的经验证据。

目　录

第一章　绪论/001
　　第一节　研究背景/001
　　第二节　研究意义和研究方法/007
　　第三节　核心概念、内容结构和数据介绍/010
　　第四节　本书的创新点/015

第二章　文献综述/018
　　第一节　开发区政策及其经济效果/018
　　第二节　异质性企业出口行为的研究综述/026
　　第三节　本章小结/039

第三章　开发区政策影响异质性企业出口行为的理论机制/046
　　第一节　异质性企业出口行为的解释/047
　　第二节　开发区的政策效应和集聚效应及其影响/048
　　第三节　开发区影响异质性企业出口选择行为的理论模型/057
　　第四节　本章小结/063

第四章　长三角地区开发区发展现状与企业基本特征/065
　　第一节　基于GIS的开发区界定和区内企业识别/066
　　第二节　长三角地区开发区的空间集聚及其发展阶段/070
　　第三节　长三角地区异质性企业出口特征/081
　　第四节　本章小结/096

第五章　开发区政策影响异质性企业出口行为的实证分析/098
　　第一节　引言/098
　　第二节　计量模型、指标选取、方法介绍和数据来源/100
　　第三节　实证结果分析/105
　　第四节　本章小结/142

第六章　机制分析——开发区政策效应和集聚效应/144
　　第一节　引言/144
　　第二节　开发区政策效应与企业出口行为/146
　　第三节　开发区集聚效应与企业出口行为/156
　　第四节　本章小结/163

第七章　总结与政策建议/165
　　第一节　本书结论/165
　　第二节　政策建议/170

参考文献/173

第一章 绪 论

第一节 研究背景

在全球区域经济发展实践中,"地区导向型"政策(Place-based Policies)是政府用来促进特定地区发展与崛起的重要手段。其中,开发区作为最常见的区位导向型政策之一,是国家或者地区设立的具有明确经济或政策目标的一片特定区域,与其他区域相比,开发区往往具有更加良好的政策环境或者制度安排(林毅夫等,2018)。发达国家的开发区以促进就业为主要目标,相比之下,发展中国家设立开发区的目的比较复杂,开发区往往承担了体制机制改革、吸引投资、促进对外开放、产业结构调整以及国家或者部分地区经济发展的使命(郑江淮等,2008)。虽然开发区政策的合理性和有效性一直存在争论(Neumark and Simpson,2015),但是为了特定的经济目标而设立开发区[①]的做法已经在全球范围内得到了广泛应用。

中国作为发展中国家的典型代表,在改革开放的进程中,政府这只"有形之手"在经济发展中始终发挥着重要的作用,是地方经济发展和各项政策实施的积极参与者和推动者。开发区作为中国改革开放的重要实

[①] 文献中出现了企业区、联邦授权区、城市企业区、出口加工区等不同名称,这里统一称作开发区。

践,已经成为中国模式的重要组成部分。一方面,开发区作为政府主导的产业政策是地方经济发展的重要平台和抓手;另一方面,开发区作为中国改革开放的"空间试验场",是我国对外开放的窗口和空间载体。可以说,从形态上看,中国的开发区是具备大量优惠政策以及良好营商环境和基础设施的空间单元;从功能上看,中国的开发区是对外开放的重要窗口,也是吸引外来投资、引进先进技术和管理经验、推动产业集聚和结构调整、促进就业和经济增长的重要平台(Wang,2013;Lu et al.,2015;Alder et al.,2016;李力行和申广军,2015;王永进和张国峰,2016;林毅夫等,2018)。

特别地,由于中国设立开发区的初衷是延续中国经济特区的实践经验,中国开发区的一项重要使命便是在更大的范围内促进对外开放。中国的开发区种类众多,按照政策目标和经济目标的不同,可以分为经济技术开发区、高新技术产业园区、海关特殊监管区等,按照行政级别又可以分为国家级开发区和省级开发区,虽然各种类型的开发区在功能和政策目标上各有侧重,但是中国开发区的一项共同使命便是促进中国外向型经济的发展。从现实情况来看,开发区也确实在促进我国外向型经济的发展中发挥了重要作用。以高新区为例,2017 年,常州高新技术产业园区和杭州高新技术产业开发区分别实现出口额 524.3 亿元[1]和 54.6 亿美元[2],分别占到了开发区地区生产总值的 39% 和 42%。以经济技术开发区为例,最新数据显示,萧山经济技术开发区区内出口额(19.9 亿美元)占地区生产总值的比重约为 70%[3],以出口加工区为例,松江出口加工区 2016 年的进出口总额达到了 289.4 亿美元[4];从学者们的研究来看,大量

---

[1]　数据来源:常州高新技术产业园区官网:http://cznd.investchn.com/index.php/About/index.html,2019 年 6 月 1 日。
[2]　数据来源:杭州高新技术产业开发区官网:http://www.hhtz.gov.cn,2019 年 6 月 1 日。
[3]　数据来源:萧山经济技术开发区官网:http://kaifaqu.xiaoshan.gov.cn/n7/n32/index.html,2019 年 6 月 1 日。
[4]　数据来源:松江经济技术开发区官网:http://www.sjetdz.com,2019 年 6 月 1 日。

的研究也证实了开发区在促进我国外向型经济发展中发挥了重要作用（Ge，1999；吴敏和黄玖立，2012；陈钊和熊瑞祥，2015；叶修群，2017）。进入新时期，为了实现建设现代化经济体系的战略目标，必须在始终坚持改革开放的前提下实现更加全面的对外开放，而开发区作为中国改革开放的重要平台，必须更好地发挥其作用。2019年国务院发布了指导我国开发区发展的纲领性文件《关于推进国家级经济技术开发区创新提升 打造改革开放新高地的意见》（下面简称《意见》），《意见》指出"开发区的发展必须进一步激发对外经济活力、打造改革开放新高地"。

总体来看，中国的开发区在促进我国对外贸易发展中确实发挥了重要作用，但是企业作为开发区的微观主体，其通过对外贸易获得的竞争力的提升才是开发区政策效果的直接体现。开发区作为具有特定标识的特定空间，其与非开发区的重要区别便是具有更加优惠的政策和更加精简高效的制度安排。在开发区成立之初，企业往往是被开发区更加优惠的政策措施、良好的营商环境吸引而入驻开发区，接下来在循环累积因果效应的作用下，企业在开发区不断集聚而形成了基于企业间共享、匹配和学习的集聚经济，在一定程度上可以说开发区既是政策高地，也是集聚高地。那么这样的开发区政策是否有效，考虑到企业是开发区内从事经济活动的基本单元，因此，评估开发区政策有效性的最直接的办法便是评估开发区是否提高了区内企业的竞争力。与此同时，在我国对外贸易快速增长的同时，也呈现出了一些自身的特征，其中最值得关注的就是有学者发现作为贸易主体的出口企业生产率更低，存在企业出口和生产率之间负向相关的、与异质性企业贸易理论的核心观点相反的"出口—生产率悖论"。

在此背景下，我们不禁要思考这样一个问题：既然我国外向型经济的发展以开发区作为重要的平台和空间载体，开发区是否也在一定程度上影响了企业的出口行为。同时，考虑到市场上相互竞争的企业是千差万别的，即使同一个行业的企业在生产效率、所有权结构、市场竞争力等方面也会存在显著的异质性，企业的异质性特征不仅会影响开发区的政策效果,例如高生产率的企业往往可以利用补贴进行技术创新、改进生产效率,而低效率的企业更有可能利用补贴降低价格;还会影响企业进入出口市场的能力,比如,Melitz(2003)指出,企业的生产率是企业进入出口市场的重要决定因素,只有效率最高的企业才能解决出口市场成本问题而进入出口市场。基于此,本书重点关注开发区政策对异质性企业出口行为的影响,也就是对不同生产率企业出口行为的影响。

随着经济全球化的深入,主要关注微观异质性企业贸易行为的新新贸易理论逐渐兴起,其强调出口企业比非出口企业具有更高的生产率(Bernard and Jensen,1999;Melitz,2003;Bernard et al.,2003;Melitz and Ottaviano,2008)。这一方面是由于存在企业出口的自我选择效应,只有高生产率的企业才能够解决出口所需的额外运输成本、营销成本以及其他沉没成本问题从而进入国际市场;另一方面是因为存在企业出口学习效应,企业在出口之后也能够获得更多的学习机会,积累更多的信息和经验,从而使得生产效率进一步提升。对于企业出口的生产率溢价,很多国家和地区的实证研究也提供了支持性的证据(Wagner,2002;Baldwin and Gu,2003;Greenaway and Kneller,2004;De Loecker,2007)。然而,在以中国企业为样本分析时,一些学者却发现了相反的结果,即出口企业的生产率要低于非出口企业,特别是存在低生产率企业进入出口市场的逆选择现象,这被称为中国企业"出口—生产率悖论"(李春顶,2015;汤二子,2017)。

虽然与主流理论的观点不同,但本书认为,"悖论"并不是对现有理论的一种否定,而是在我国特定的开放进程和贸易特征下所出现的特定现象。可以说,过去40多年中国创造的"出口奇迹"是在全球化背景下依托改革开放和廉价劳动力所释放的红利,在占尽低要素价格、低产品价格、高国外市场需求以及优惠出口政策的优势下发生的,具有自身的独特条件,并不完全符合异质性企业贸易理论的假设(汤二子,2017)。因此,要理解我国企业的出口生产率悖论,也必须从中国对外开放的实际情况出发进行分析。已有文献强调了我国以外资企业和加工贸易为主的贸易方式以及国内的市场分割所带来的影响(Lu et al., 2010; Yang and He, 2014; 戴觅等, 2014; 赵玉奇和柯善咨, 2016; 刘竹青和佟家栋, 2017), 但是作为推动我国对外贸易发展的另外一个重要因素, 政府政策支持的作用却较少被提及。开发区是我国对外开放的主要平台, 同时也是重要的政策高地和集聚高地, 通过作用于企业的生产和贸易行为, 必然会改变企业出口的生产率门槛和出口偏好, 以及出口后进行学习和创新的动力, 从而对企业出口行为产生一定的重塑。

基于上述现实考虑和理论基础, 本书研究开发区政策如何影响异质性企业的出口行为, 具体包括出口前开发区如何影响不同生产率企业的出口选择行为以及出口之后是否带来了企业生产率的进一步提升, 也就是企业的出口学习行为。此外, 值得强调的是, 长三角地处沿海地区, 具有明显的区位优势。"长三角地区也是我国经济发展最活跃、开放程度最高、创新能力最强的区域之一"[①], 开发区的发展起步较早, 经过不断探索, 长三角地区的开发区无论是在发展质量还是发展速度方面都处于全国领先地位。截止到2018年, 长三角地区的开区数量占到了全国总数的18.32%, 开发区的规划面积占到了全国总量的20.35%。因此, 本书的实证研究也主要聚焦于由上海、江苏、浙江以及安徽(简称江浙沪皖)的41个城市构成的长三角地区。研究结论表明, 企业出口选择效应在开发区内外呈现出了显著差异, 开发区在一定程度上扭曲了企业的出口选择行为和出口学习行为。从企业的出口选择行为来看, 开发区降低了企业进入出口市场的临界生产率水平, 甚至使得区内的新出口企业在出口前的生产率水平低于非出口企业, 出现了低生产率企业出口的悖论, 而开发区外的样本则遵循了高生产率企业的出口选择效应; 企业的出口学习效应在开发区内外都显著存在, 但是开发区也对其产生了一定的负向影响, 区内企业在出口后所获得的生产率提升要小于非开发区样本; 此外, 外资企业是产生低生产率企业出口的重要原因。在考虑开发区自身的选择效

---

① 参见《长江三角洲区域一体化发展规划纲要》。

应以及采用出口概率模型和近邻匹配方法等进行稳健性检验之后,本书结论依然成立。进一步考虑开发区政策效应的机制分析表明,高出口密度企业受开发区的影响更为明显,企业的税收负担显著提高了开发区外企业出口的临界生产率,却降低了开发区内企业出口的生产率临界值;开发区升级显著降低了企业出口的生产率门槛;考虑开发区集聚效应的机制分析表明,开发区集聚效应显著降低了区内企业出口生产率临界值,同时也抵消了出口中学习带来的生产率提升。此外,一个重要的发现是,开发区的集聚效应不仅会影响开发区内企业的出口行为,同时存在显著的集聚溢出效应,具体而言,开发区对其周围1~3公里范围内的企业产生了显著的集聚溢出效应。基于本书的研究结论,虽然开发区等政府相关政策的支持推动了对外贸易的数量扩张,使得更多的企业哪怕是低生产率企业从事出口业务,但其在促进出口企业生产率提高上的作用却相对有限,未来开发区应该更加注重企业学习和创新能力的培育以及出口质量的提升。

本书的研究既为开发区政策效果评价提供了新的视角,也为异质性企业贸易理论提供了来自开发区层面的经验证据,同时也丰富了对我国"出口—生产率悖论"的解释。具体而言,第一,就开发区政策效果评价的文献而言,大部分对开发区经济绩效和政策效果评价的文献均是从宏观角度进行的,比如开发区对经济增长、出口、外商直接投资、产业结构调整等的影响,少量的以微观企业为研究对象的文献多是关注开发区对企业生产率的作用,只有较少的文献研究了对企业出口的影响。但是与本书的研究主题不同,已有文献并没有关注开发区对异质性企业出口行为的影响,尤其是同时关注开发区对企业出口选择和出口学习行为的影响,因此本书的研究也为以开发区为代表的地区导向型政策实施效果评价提供了新的视角和证据。此外,本书对于开发区的界定和开发区企业的识别方法也是对以开发区为主题的研究的有益补充。第二,就以异质性企业贸易理论为基础的企业出口和生产率关系的文献而言,学者们虽然基于全样本或者部分地区样本为异质性企业的出口行为提供了来自中国的经验证据,并因此发现了低生产率企业出口这种异于大部分国家经验证据的结论,有学者将此称为"出口—生产率悖论",但是却很少有学者研究开发区这样一个特定空间单元内的异质性企业出口行为。而众所周知,开发区作为我国对外开放的平台,不仅是重要的政策高地,同时也是大量外资和出口企业的集聚高地。本书分析开发区政策对异质性企业出口行为的影响,发现开发区是造成企业出口和生产率负向相关的重要原因,也为解释我国企业"出口—生产率悖论"提供了一个新的视角。

第二节 研究意义和研究方法

一、理论意义

本书的理论意义主要存在于以下几个方面:第一,本书借助地理信息技术(geographic information system,GIS)更加准确地界定了长三角地区(沪苏浙皖)的开发区边界并识别了开发区内的企业,从而将区域经济学研究的空间单元从传统的以行政区(省、市、县等)为单位拓展到了更加精准、更加小尺度的开发区,并通过企业上图来获取开发区内的企业信息,突破了传统的数据来源以行政区为基本单元的局限性。第二,本书的研究从理论上阐述了开发区政策效应和集聚效应对区内异质性企业出口行为的影响,丰富了开发区政策效果的微观基础,尤其是从理论上阐述了开发区通过作用于企业出口进而促进对外开放的机制。第三,本书的研究为更好地解释我国的"出口—生产率悖论"提供了一个新的视角,全书从开发区的角度入手,通过研究开发区内企业的出口选择效应和出口学习效应,发现开发区是导致低生产率企业出口的重要原因。第四,本书以新新贸易理论的异质性企业贸易理论为基础,通过拓展 Melitz(2003)及 Melitz 和 Ottaviano(2008)的异质性企业贸易模型,并结合 Defever 和 Riaño(2012)关于出口份额补贴影响企业出口密度的模型,建立了开发区政策影响异质性企业出口选择行为的理论模型,借此阐释开发区政策对异质性企业出口选择效应的作用机制,是对异质性企业贸易模型的补充和完善,尤其是本书考虑了开发区内的企业出口行为,拓展了模型的覆盖范围,在一定程度上提高了模型对现实的解释力。

二、现实意义

开发区作为我国对外开放的主要平台和出口企业的主要集聚地,在过去40多年的时间里,在促进我国对外贸易发展中发挥了重要作用。本书聚焦于开发区政策对区内异质性企业出口行为的影响:第一,从微观企业的角度探索我国开发区发挥对外开放平台作用的机制和路径,并总结开发区在促进我国外向型经济发展过程中的经验和教训,从而为我国在"一带一路"的发展中更好地推广中国的开发区模式提供借鉴。第二,为长三角地区开发区的发展情况提供直观的经验证据,本书将系统梳理长三角地区开发区的空间分布、发展阶段和优惠政策,在此基础上,比较分析开发区内外企业集聚、出口以及生产率等基本特征。第三,本书通过分析开发区的政策如何作用于企业的出口行为,评估开发区政策的合理性和有效性,对于开发区如何着力为企业创造良好的创新环境和经营环境,提高区内企业出口产品质量和产出效率,更好地发挥开发区对外开放的平台作用并促进开发区健康可持续发展提供借鉴。第四,为我国出口贸易更高质量发展提供政策建议,就充分发挥开发区内企业所带来的集聚正外部性,逐步打破企业出口的低水平循环,增强企业在国际市场上的高端竞争力提供参考。

三、研究方法

本书的研究方法以经验分析为主,同时充分结合了理论分析、计量回归分析以及地理信息技术(GIS)等描述性统计分析方法。

第一,计量分析方法。本书在实证检验开发区对企业出口行为的影响时,主要使用了固定效应回归分析方法、近邻匹配法(Nearest Neighborhood Matching)、Logit出口概率模型、Heckman两步法等。具体而言,在基准回归中,本书以 Baldwin 和 Gu(2003)及 Wagner(2007)的研究方法为基础,根据企业的出口状态将企业分为四类:非出口企业、开始出口企业、持续出口企业和退出出口企业,将非出口企业作为基准组来对比出口企业在出口前后的生产率情况,以识别出口选择效应和出口学习效应。在此基础上构造企业是否在开发区的虚拟变量,将其加入模型,通过其与企业出口状态虚拟变量的交互项来检验开发区政策的影响。此外,为了检验实证结果的稳健性,本书还使用了 Logit 出口概率模型以及近邻匹配法进行企业出口选择和出口学习行为的稳健性检验。在此基础上,文章进一步基于 Heckman 两步法控制开发区的选择效应从而进一步检验基准结果。

第二,理论分析方法。本书首先从开发区政策效应和集聚效应的角度详细阐述了开发区影响企业出口选择行为和出口学习行为的作用机制。在此基础上,基于异质性企业贸易理论,通过拓展 Melitz(2003)及 Melitz 和 Ottaviano(2008)的异质性企业贸易模型,并结合 Defever 和 Riaño(2017)关于出口份额补贴影响企业出口密度的模型,从企业出口固定成本和可变成本的角度出发,建立了开发区政策影响企业出口选择行为的理论模型,借此阐释开发区对异质性企业选择行为的作用机制。

第三,地理信息技术(GIS)等描述性统计分析方法。开发区的界定和区内企业的识别是本书的研究基础,本书基于地理信息技术,借助 Google 地图和 ArcGIS 软件界定开发区的地理边界并对企业进行上图,最后借助 ArcGIS 软件的筛选功能确定企业是否位于开发区内。此外,在实证分析之前,首先需要大量的描述性统计分析明确所研究问题的基本现状,回答是什么的问题。本书对于长三角地区开发区的演进、空间分布和发展现状,以及制造业企业、出口企业等的空间分布进行描述性统计分析,并对比分析开发区内外不同出口状态企业的生产率差异、不同类型开发区以及不同地区出口企业和非出口企业的生产率异质性,以期在进行实证分析前获得更加直观的经验证据。

第三节 核心概念、内容结构和数据介绍

一、概念界定

(一)开发区

开发区是国家或者地区设立的与其他区域具有不同政策环境或者制度安排的一片特定区域,是具有明确经济目标的区位导向型产业政策(林毅夫等,2018),简而言之,开发区是具有特定标识的特定空间。中国的开发区由政府批准而设立。政府赋予开发区良好的基础设施、优惠的政策措施、精简高效的制度安排,并设立若干主导产业,通过吸引企业入驻,进而实现产业集聚、经济增长等目标。按照审批机构的不同,中国的开发区又分为国家级开发区和省级开发区两种类型。国家级开发区是指国务院批准设立的开发区,包括经济技术开发区、高新技术产业开发区、出口加工区和保税区等多种类型,省级开发区是指由省(自治区、直辖市)人民政府批准设立的开发区。省级开发区和国家级开发区最大的区别在于二者在优惠政策上的显著差异。本书主要以长三角地区(三省一市)的所有省级及以上的 2013 年及以前成立的 433 家开发区为研究对象。

(二)异质性企业

市场上相互竞争的企业是千差万别的,即使同一个行业的企业在生产效率、所有权结构、市场竞争力、企业规模等方面也会存在显著差异。开发区政策对企业出口行为的影响在不同类型的企业之间可能会存在显著的差异,与异质性企业理论相一致,本书主要关注企业生产率的异质性。

(三)异质性企业出口行为

本书所指的异质性企业出口行为主要是企业的出口选择行为和学习行为。一方面,与新新贸易理论的异质性企业贸易理论相一致,本书重点关注了开发区政策对企业出口选择效应的影响。所谓企业的出口选择效

应,是指由于出口市场进入成本的存在,只有生产率高的企业才能进入出口市场。本书主要研究开发区内生产率高的企业出口还是生产率低的企业出口。另一方面,考虑到出口也会带来企业生产率提升,本书也关注了开发区政策对企业出口学习行为的影响。所谓企业的出口学习效应,是指企业在出口的过程中通过吸收国外的先进技术、生产经验、管理制度等获得技术和知识溢出,进而提高企业的生产率。本书主要研究开发区内的企业在出口之后能否获得生产率提升。

二、内容结构

本书共有七章内容,第一章为导论,交代了本书的研究背景和研究意义,界定了核心概念,介绍了研究方法和所用数据以及可能的创新点。第七章为结论,总结了本书的主要结论与政策含义。其他章节安排及主要内容如下:

第二章是文献综述。本章首先介绍了国内外评价开发区政策效果的文献和主要的实证发现,在此过程中,总结了开发区政策发挥作用的途径和机制。其次梳理了有关异质性企业出口行为的文献,包括企业出口选择行为和出口学习行为,并回顾了当前关于企业出口生产率关系实证文献的主要结论,进一步梳理了生产率之外的影响企业出口的其他因素。最后针对开发区和企业出口行为的研究,总结了当前研究的不足和进一步的研究方向。

第三章是理论分析,详细阐述了开发区政策影响区内异质性企业出口行为的理论机制。本章主要围绕开发区带来的"集聚租"和"政策租"效应,分析了这两种效应如何作用于企业的出口选择行为和出口学习行为。在此基础上,以 Melitz(2003)及 Melitz 和 Ottaviano(2008)的异质性企业贸易模型为基础,并结合 Defever 和 Riaño(2017)关于出口份额补贴影响企业出口的模型,分析了开发区通过影响区内企业固定生产成本和出口市场进入成本,进而影响不同生产率企业出口选择行为的作用机制。

第四章介绍了长三角地区开发区的发展现状,并对比分析了开发区内外企业的出口、生产率等基本特征。本章首先介绍了本书对开发区的界定和区内企业识别的方法；其次，介绍了长三角地区开发区的空间分布和集聚特征以及不同类型开发区的发展阶段和优惠政策；最后，比较分析了长三角地区开发区内不同生产率企业出口之前以及出口之后企业生产率的变化特征。

第五章为本书的基准回归分析。与本书的理论分析相呼应，本章分别从企业的出口选择和出口学习两个方面检验开发区对异质性企业出口行为的影响。具体而言，本章根据企业的出口状态将其分成四类，分别是非出口企业、开始出口企业、持续出口企业和退出出口企业，将非出口企业作为基准组来对比出口企业在出口前后的生产率情况，以识别出口选择效应和出口学习效应。在此基础上构造企业是否在开发区的虚拟变量，将其加入模型，通过其与企业出口状态虚拟变量的交互项来检验开发区政策的影响。此外，本章使用不同的估计方法，考虑开发区的选择效应，基于不同的开发区类型和企业所有制特征，将研究的开发区样本拓展至全国，对基准回归的结果进行了稳健性分析。

第六章为机制检验，从开发区优惠政策和集聚经济的角度探索了开发区影响异质性企业出口行为的具体作用机制。首先，对开发区优惠政策的检验主要从企业出口密度、税收政策以及开发区升级的角度着手。具体而言，开发区对出口密度高的企业往往给予更加优惠的政策，同时开发区内的各项补贴能够有效减轻企业的税收负担。省级开发区和国家级开发区最大的差别在于后者具有更加优惠的政策，因此省级开发区升级为国家级开发区，也意味着开发区内优惠政策的升级。从这三个角度入手在一定程度上能够反映开发区政策的净效应。其次，对于开发区集聚效应的检验，考虑到开发区内集聚经济的来源主要是大量的企业集聚所产生的，因此本书将开发区内的企业数量作为开发区内集聚经济的代理变量，识别集聚经济对企业出口选择和出口学习的影响。此外，开发区周围的企业虽然不能够享受开发区内的优惠政策，却容易受到开发区集聚溢出效应的影响，本章也检验了开发区如何影响其周围1～5公里范围内的异质性企业出口选择行为。

本书的技术路线见图1.1。

```
┌─────────────────────────────────────────────────────────────┐
│         ┌──────────┐      ┌─────────────────────────┐       │
│         │  开发区  │◄────►│ 企业是开发区的微观主体  │       │
│         ├──────────┤      │ 新新贸易理论强调出口企  │       │
│         │对外开放平台│    │ 业具有更高的生产率/中国 │       │
│         └──────────┘      │ 的"出口—生产率悖论"    │       │
│                           └─────────────────────────┘       │
└─────────────────────────────────────────────────────────────┘
                              ▼
                                              ┌──────────────┐
   ┌──────────────────────────────────────┐   │1. 开发区政策 │
   │问题提出：开发区政策如何影响异质性企业│   │  及其经济效果│
   │          的出口行为                  │   │  评价        │
   └──────────────────────────────────────┘   │2. 异质性企业 │
                              ▼               │  出口行为的理│
                         ┌──────────┐         │  论和实证研究│
                         │ 文献综述 │         │3. 小结：当前│
                         └──────────┘         │  研究的不足  │
                              ▼               └──────────────┘
┌──────────────┐  ┌──────────────────────────────┐
│1. 长三角地区 │  │ 理论分析：开发区政策与企业的 │
│  开发区的空间│  │ 出口选择行为和出口学习行为   │
│  分布和集聚  │  └──────────────────────────────┘
│  特征        │                ▼
│2. 长三角地区 │  ┌──────────────────────────────┐
│  开发区的发展│  │ 基本事实：长三角地区开发区发 │
│  阶段和优惠政│  │ 展现状与异质性企业出口特征   │
│  策比较      │  └──────────────────────────────┘
│3. 长三角地区 │                ▼
│  开发区内异质│
│  性企业出口行│
│  为          │
└──────────────┘
┌──────────┐  ┌──────────────────────────────────┐  ┌────────────┐
│固定效应回│  │基准回归：开发区政策影响异质性    │  │开发区的政策│
│归        │  │企业出口行为的实证检验            │  │应与异质性企│
│双重差分法│  └──────────────────────────────────┘  │业出口行为  │
│倾向得分匹│  │实证分析                          │  ├────────────┤
│配法      │  ┌──────────────────────────────────┐  │开发区集聚效│
│Probit模型│  │机制检验：开发区的政策效应和      │  │应与异质性企│
│Heckman两 │  │集聚效应                          │  │业出口行为  │
│步法      │  └──────────────────────────────────┘  └────────────┘
└──────────┘                   ▼
            ┌─────────────────────────────────┐
            │ 研究结论、政策建议和研究展望    │
            └─────────────────────────────────┘
```

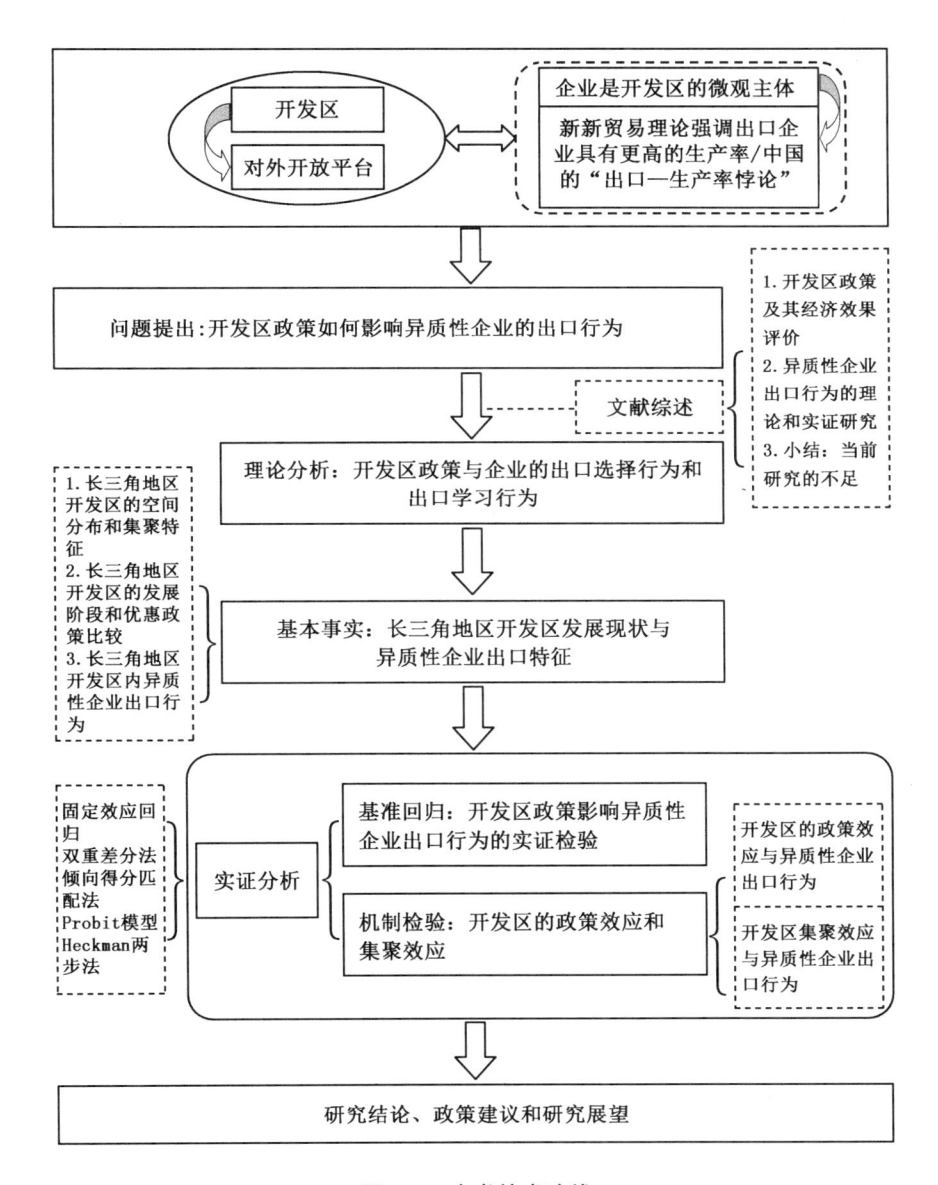

图1.1 本书技术路线

三、数据介绍

本书主要使用企业层面的数据。数据来自1999—2013年(不包括2010年)中国工业企业数据库(由于2010年的数据缺乏,故本书的研究样本中不包括2010年的数据)。该数据库是国家统计局对全部国有及规模以上[即企业的主营业务收入(销售额)在500万元及以上,2011年该标准改为2 000万元及以上]非国有工业企业调查得到的数据,包含了有关企业基本情况和企业财务会计等各方面的指标。值得强调的是,本书以制造业企业为研究对象,故只包含行业代码13～43的行业,采矿业和电力燃气及水的生产供应业不在本书的研究样本中。在使用该数据库进行实证分析之前,需要处理数据库中的异常值和缺失值,在此基础上,对不同年份的企业进行匹配(具体的数据处理方法参见第五章)。此外,该数据库并没有企业是否位于开发区的信息,这也需要作者自己构建。本书借助地理信息技术,在准确界定开发区空间范围的基础上识别企业是否位于开发区内。就开发区的界定而言,本书主要依据开发区的四至范围,使用Google地图画出开发区的边界,从而形成长三角地区所有省级和国家级开发区的地图。就开发区内企业的识别而言,本书根据中国工业企业数据库中企业的地址信息,提取其经纬度,并将企业上图来识别企业是否位于开发区内。表1.1给出了本书研究样本期内经过处理之后长三角地区企业的数量、员工人数、工业总产值等基本特征。

表1.1　　　　　长三角地区工业企业基本特征描述性统计

年份	企业数量(个)	员工人数(人)	工业总产值(千元)	产品销售收入(千元)	出口额(千元)	工业增加值(千元)
1998	41 112	273	43 588.93	40 617.07	8 326.57	10 458.71
1999	40 983	269	47 684.61	45 049.96	9 270.19	12 082.53
2000	42 073	251	55 205.05	53 231.88	11 911.44	13 479.68
2001	49 327	229	54 402.89	52 426.14	11 603.26	13 520.14
2002	54 585	219	58 213.32	56 432.80	12 866.76	14 642.12
2003	62 249	212	66 635.39	66 091.51	15 084.5	16 974.92

续表

年份	企业数量（个）	员工人数（人）	工业总产值（千元）	产品销售收入（千元）	出口额（千元）	工业增加值（千元）
2004	98 539	168	59 716.38	59 142.64	16 364.03	14 474.64
2005	89 100	188	79 649.71	78 940.54	21 989.74	19 306.97
2006	99 074	184	89 636.02	89 169.42	24 871.31	21 450.30
2007	113 247	179	99 942.02	99 105.25	27 096.36	23 370.80
2008	99 267	177	104 647.20	103 468.00	30 037.97	32 053.86
2009	86 568	169	108 291.60	107 390.90	25 839.36	33 170.15
2011	91 032	316	225 478.80	224 959.00	52 418.43	69 065.05
2012	95 716	299	228 284.70	227 836.60	53 315.76	69 924.51
2013	95 724	404	245 394.30	245 522.40	52 781.35	75 165.24

数据来源：作者根据处理之后的中国工业企业数据库（1998—2013年，不包括2010年）整理得到。

第四节 本书的创新点

一、研究视角的创新

本书将开发区政策和企业出口行为统一在一个分析框架下，从企业出口选择和出口学习的角度考察我国开发区政策对区内异质性企业出口行为的影响。一方面，本书的研究为开发区政策的合理性和有效性提供了理论解释和来自微观企业层面的经验证据；另一方面，本书揭示了开发区内企业的出口选择和出口学习效应，为理解我国"出口—生产率悖论"提供了一个新的视角。具体而言：

一方面，本书聚焦开发区对外窗口的功能，为开发区出口导向型政策的合理性和有效性提供理论支撑和来自微观企业层面的经验证据。虽然大量的文献评价了开发区对地区宏观变量的影响，但是企业作为开发区的微观主体受到的关注较少，已有的从开发区的视角对微观企业行为的研究大部分仅关注开发区对企业生产率的影响，而对企业出口行为，尤其是对与异质性企业贸易理论相关的企业的出口选择和出口学习行为的关注不足。本书重点关注开发区的出口导向型政策以及集聚经济效应对区内企业出口选择和出口学习效应的影响,从而为评价以开发区为代表的政府政策的实施效果提供了新的视角和证据。

另一方面,本书的研究也为解释我国"出口—生产率悖论"提供了一个新的视角。学者们虽然基于全样本或者部分地区样本为异质性企业的出口行为提供了来自中国的经验证据,并因此发现了低生产率企业出口这种异于大部分国家经验证据的结论,有学者将此称为"出口—生产率悖论"。但是开发区作为促进我国外向型经济发展的主要平台和空间载体,是出口导向型政策更加集中、大量外资和出口企业更加集聚的特定空间,却缺乏足够的对开发区这样一个更加精准、更小尺度的空间单元内的企业出口选择和出口学习效应进行研究的理论和经验证据。本书从理论上揭示了开发区内企业的出口选择和出口学习效应,并使用微观企业数据对此进行了实证检验,发现开发区政策是导致低生产率企业出口的重要原因,从而丰富了对我国"出口—生产率悖论"的解释。

二、开发区企业的识别更加准确

本书为开发区企业的识别和开发区空间范围的界定提供了有益的借鉴。正如本书在第二章文献综述部分所提到的,当前关于开发区的研究对开发区空间范围的界定以及开发区企业的识别不够准确,具体来看,目前主要有以下四种方法。第一种方法是将设立开发区的城市或者县等空间单元全部看作开发区,设置开发区虚拟变量来识别开发区的效应,具体而言,如果某地在某年成立了开发区,则该地的开发区虚拟变量取值为1,否则为0。第二种方法主要是对开发区内微观企业的识别,主要通过企业地址信息来识别企业是否位于开发区内,具体而言,大部分文献通过企业的名称或地址信息中是否含有开发区、保税区、经济区、产业区等字段来识别开发区企业。第三种方法是用开发区的管委会所在地来代替开发区的位置。第四种方法是通过开发区的地址信息确定开发区的边界范围并上图,同时根据企业的地址信息提取其经纬度并上图,然后将二者进行匹配,这种方法能够准确识别出开发区内的企业,但是工作量较大。前三类方法都无法准确界定开发区的边界,从而无法准确识别出开发区内的企业,只有第四类方法最为准确,但是所需要的工作量也最大。众所周知,开发区空间范围的准确界定和开发区企业的精确识别是以开发区为主题的研究的前提和基础。本书主要以第四类方法为基础,根据开发区的四至范围,借助 Google 地图画出开发区的边界,并通过提取企业的经纬度借助 ArcGIS 软件将企业上图来识别企业是否位于开发区内,上述方法为开发区的研究奠定了坚实的基础。一方面,其是对现有开发区空间范围界定和开发区企业识别方法的有益补充和完善;另一方面,基于本书的开发区空间范围的界定和开发区企业识别方法的研究也是对已有研究结论的补充和验证。

三、延伸了研究的样本区间

中国工业企业数据库已经在研究中得到了广泛的应用,但是大部分研究仅仅基于 1998—2007 年的数据,这在一定程度上限制了研究结论的时效性。以异质性企业出口行为的研究为例,目前得出中国存在"出口—生产率悖论"的研究多是使用 1998—2007 年的中国工业企业数据库,研究结论也只能在那段特定的时期成立,并不能反映更新的情况。同样,以微观企业为基础研究开发区经济效果的文献也大多基于 1998—2007 年的中国工业企业数据库,难以保证研究结论的时效性。本书主要使用 1998—2013 年(不包括 2010 年)的中国工业企业数据库,样本期间的拓展能够同时为异质性企业出口行为以及开发区的研究提供更新的经验证据。

第二章 文献综述

基于本书的研究目标,本章主要从开发区的政策和经济效果、异质性企业出口行为两方面回顾已有的研究,在此基础上,针对以开发区为主题的研究和企业出口行为的研究,总结了当前研究的不足和进一步的研究方向,并提出了本书的研究主题和可能的贡献。通过对已有文献的梳理,我们发现现有文献较少涉及开发区对企业出口行为的影响,尤其是鲜有文献从企业出口选择行为和出口学习行为的角度展开研究。对于研究开发区的文献,大部分关注开发区对地区宏观经济发展的影响,涉及微观企业层面的研究大多关注开发区对企业生产率的影响,较少关注开发区内的企业出口行为。但是,一个不争的事实是开发区作为政策高地和集聚高地,区内企业的生产经营和贸易行为必将深受开发区政策安排、管理体制以及企业集聚的影响。此外,当前研究开发区对微观企业行为影响的文献存在的最大问题是难以准确界定开发区的边界,从而对开发区内企业的识别也不够准确。因此,本书的研究将会对已有的文献提供补充和验证。

第一节 开发区政策及其经济效果

开发区作为地区导向型政策的一项重要内容,是政府干预经济活动的手段之一,旨在通过特殊的法律和管理体制、财政补贴或税收优惠等措施来进一步挖掘特定地区的发展潜力并促进特定地区(特别是落后地区)的经济社会发展从而消除地区不平等(Partridge and Rickman,2008;McCann and Rodríguez-Pose,2011;Kline and Moretti,2014;Partridge et al.,2015)。由于开发区政策影响了经济活动的区位选择,这种政策干预可能会在一定程度上造成资源配置的扭曲,比如,以消除地区不均等为导向的区位政策往往损害了经济增长(Thissen and Van Oort,2010),现有研究对开发区政策是否能够真正实现既定目标也存在不同的观点(Kline,2010;Neumark and Simpson,2015;Ehrlich and Seide,2018)。

开发区设立的背景和目标因不同国家所处的发展阶段而异,总体而言,发达国家的开发区主要是通过创造就业来促进区域平衡发展,其中学者们研究最多的是企业区(enterprise zones)和授权区(empowerment zones)政策,企业区政策发源于英国的撒切尔政府管理时期,旨在通过减税和减少监管来振兴衰落的城市工业区(Rubin and Richards,1992)。随后,美国的州政府也开始大力推行企业区政策,联邦政府也同时推行了包括联邦授权区(federal empowerment zones)和社区更新计划(renewal communities)相似的社区层面项目,企业区的主要目标是创造新的工作机会,企业区内的企业通过投资和增加就业来获得税收抵免和补贴(Billings,2009)。

发达国家的企业区政策主要是通过促进落后地区或者社区的发展解决地区发展的不平衡问题,比如,欧盟将地区导向型政策定义为一项长期战略,旨在通过外部干预和多层次治理挖掘地区发展潜力以及减少特定地区持续的社会排斥现象,促进综合商品和服务的供应,并引发制度变迁(Bachtler,2010)。相比之下,发展中国家的开发区更多承担了促进整个国家或者地区经济增长的使命,是在原有城市和行政体制之外利用更加优惠的政策、精简的管理体制、完备的法律体系和完善的基础设施保障吸引投资、促进集聚的空间载体(郑江淮等,2008)。中国是发展中国家中较早推行开发区政策并取得较大成功的典型代表,为学术研究和政策制定积累了丰富的经验和素材。

一、国外开发区政策效果评价的研究综述

大量的实证研究对美国、法国等国家的开发区的政策目标和经济效果进行了评价。国外的开发区政策多是在特定的区域内实行优惠政策以达到创造就业、促进投资、增加收入等目标,但是不同地区开发区的经济效果却不尽相同。总体而言,支持开发区积极政策效果的实证发现认为,开发区政策具有就业创造效应、收入提升效应、失业率和贫困率降低效应等。Billings(2009)发现科罗拉多州企业区的税收减免政策增加了就业人数。Freedman(2013)基于断点回归则发现得克萨斯州的企业区政策能够带来就业增加和收入提升。Busso 等(2013)分析了美国第一批联邦城市授权区的政策效应,发现其能够有效地增加就业和工资水平,Reynolds 和 Rohlin(2014)认为联邦授权区显著改善了企业面临的营商环境,并提高了居民生活质量。Ham 等(2011)同时检验了美国各州企业区、联邦授权区和联邦企业共同体三种不同政策对当地劳动力市场的影响,发现三者都能够显著降低失业率和贫困率,并促进提高就业和收入水平,相比之下后两项政策的效果更加明显。还有文献关注了发展中国家的出口加工区政策,Johansson 和 Nilsson(1997)论证了出口加工区在马来西亚的出口催化剂作用,Jayanthakumaran(2003)运用成本收益法研究发现出口加工区在韩国及东南亚主要国家都能够带来正的净收益。

与上述研究发现的积极效应不同,也有一些文献发现开发区并不能实现其既定的政策目标,反而扭曲了资源配置,对周边地区的发展带来了负向的溢出效应。同样以美国的企业区为研究对象,Boarnet 和 Bogart(1996)评估了新泽西州的企业区对就业的影响,发现企业区对增加就业没有任何影响,作者认为企业区在提高当地经济发展方面是无效的。同样,Neumark 和 Kolko(2010)发现美国加利福尼亚的企业区政策并没有像预期中那样显著地促进就业。Hanson 和 Rohlin(2013)认为联邦授权区的建立扭曲了资源配置,对地理上临近或经济上相似的其他地区产生负的溢出效应,导致这些地区的企业数量和就业水平下降。Gobillon 等

(2012)、Mayer 等(2017)、Givord 等(2018)对法国的企业区政策进行了研究,结果表明其促进了企业在区内的选址,有利于为失业人员增加就业机会,但是这种正向影响只在短期内有效,长期来看效果会逐渐减弱,企业会由于缺乏自生能力而难以持续经营。此外,Frick 等(2019)利用夜间灯光数据对全球主要发展中国家开发区绩效的影响因素进行了跨国别分析,结果表明开发区政策往往难以促进经济的持续发展和技术结构升级,而开发区的规模以及是否具有大的市场潜力对开发区的绩效至关重要。

从上面的研究中可以看到,不同地区的开发区政策效果并不相同,开发区政策效果的有效性在学术界并没有达成统一的认识,这招致了学者们对地区导向型政策的批评,地区导向型政策使得企业和劳动力从其他地区向特定地区转移,其本质只是促进了资源的重新转移和配置,并没有提高当地居民的整体福利水平(Glaeser and Gottlieb,2008)。此外,这类政策的实施往往是有成本的,以美国为例,联邦政府和州政府每年在地区导向型政策上的支出约为 950 亿美元(Kline and Moretti,2014)。有学者提出,开发区政策的有效性很大程度上取决于其所在的区位,因此开发区政策的发展更应该因地制宜。比如,Briant 等(2015)认为城市所处的地理位置对地区导向型政策的有效性至关重要,以法国的企业区为例,作者发现位于空间一体化程度较高地区的企业区往往创造了更多的工作岗位,但是企业区对工资的影响只能在更加封闭的社区中观察到。Devereux 等(2007)认为与开发区类似的政府补贴对企业区位选择的影响往往会受制于已经形成的集聚经济,也就是说,企业在做出区位选择的决定时,更加看重与相同类型的企业共聚所带来的好处,并非是否能够获得政府补贴。

二、中国开发区政策效果评价的研究综述

中国是发展中国家中较早推行开发区政策的国家。自 1984 年设立首批国家级经济技术开发区以来,开发区已成为中国改革开放进程中的重要实践,中国开发区政策的成功在一定程度上体现了"有为政府"的特点,体现了政府在经济发展中的积极作用(王勇和朱雨辰,2013)。中国的开发区在形态上是具备大量优惠政策和良好基础设施的空间单元,在功能上是对外开放的重要窗口,是吸引外资、引进先进技术和管理经验以及促进区域经济发展的重要平台。随着改革开放进程的不断深入,中国的开发区在经济发展中的作用也逐渐改变(胡彬和郑秀君,2011),早期的开发区作为经济特区政策的延续,是中国改革开放的试验田,其主要目标是促进经济改革和制度创新;随着中国对外开放的深化和国家区域战略的转变,开发区逐渐成为国家和地区推动经济发展的重要平台(向宽虎和陆铭,2015),同时也是中国城镇化和城市空间拓展的重要模式(李强等,2012)。相比国外的开发区政策,中国开发区的政策目标往往比较多元化。

针对中国开发区的研究更多地发现了其积极的影响。大部分开发区在促进体制改革、改善投资环境、引导产业集聚、促进产业结构调整、吸引外资、提高收入、提升企业生产率、促进技术创新等方面发挥了不可替代的作用。具体来说,就宏观层面而言,中国开发区在产权保护、税收优惠和土地政策方面所具有的优势显著增加了外商直接投资,并形成了一定的集聚经济,促进了实际收入的提高(Wang,2013),尤其是国家级开发区的建立能够有效推动当地经济的快速增长(刘瑞明和赵仁杰,2015;Alder et al.,2016;曹清峰,2020)。也有学者发现,开发区政策对于制造业产业结构调整和升级以及技术创新具有显著促进作用(李力行和申广军,2015;周茂等,2018;吴敏等,2021)。开发区政策也有利于促进地区高质量就业(郑思齐等,2020),有助于地区就业、产出和企业数量的提升,尤其是在资本密集型行业中表现得最为明显(Lu et al.,2015)。此外,来自上海市的经验证据表明,开发区对土地利用效率有提升作用(Huang et al.,2017)。也有一些学者对"省级开发区升级为国家级"这一现象进行了专门研究,发现开发区升级政策对城市层面的创新产生了积极的促进作用,有效推动了城市经济绩效提升(张杰等,2021;陈翼然等,2021;孔令丞和柴泽阳,2021)。

与上述文献关注开发区的宏观影响不同,也有一些文献聚焦于开发区对微观企业的影响。Luo 等(2015)发现开发区显著提升了其周边企业的生产率,并且这种效应随着企业与开发区距离的增加而衰减,随着企业周围开发区密度的上升而增加。王永进和张国峰(2016)进一步指出开发区带来的集聚效应和竞争导致的企业进入退出是提高开发区企业生产率水平的主要原因,林毅夫等(2018)却认为开发区内企业的生产率溢价主要是因为开发区内更好的政策环境,谭静和张建华(2019)进一步指出开发区对企业生产率的作用受到区位条件、制度背景和开发区类型的影响。杨本建和黄海珊(2018)认为开发区所处的城区人口密度对开发区的经济效率有重要影响,具体而言,只有当城区人口密度大于 8 800 人/平方公里时,城区与开发区呈现协同发展关系,城区人口密度增加才对开发区企业生产率产生正向影响。Chen 等(2019)则主要强调了靠近大港口对开发区的影响,他们以 2004 年至 2006 年开发区的清理整顿为准自然实验,检验了开发区撤销对企业生产率的影响。Chen 等(2019)发现开发区撤销的影响存在明显的区域异质性,与沿海地区尤其是靠近大港口的开发区企业相比,内陆地区的开发区撤销对企业的 TFP 几乎没有影响。他们因此认为开发区的发展很大程度上依赖于其周围的市场规模,开发区的设立应符合当地的比较优势,违背比较优势设立开发区反而会给当地带来债务增加、生态环境破坏等负面影响。张国峰等(2016)实证检验了开发区对企业进入退出的影响,发现开发区会吸引高效率的企业进入并降低区内企业的退出风险,从而提高区内企业总体的生产率水平。此外,卞泽阳等(2021)发现开发区有助于通过供应链参与缓解企业融资约束。

与上述文献都发现了开发区的积极影响不同,也有文献指出了中国开发区发展中的一些问题。郑江淮等(2008)基于江苏省沿江开发区企业微观数据的研究表明,企业进驻开发区的主要目的是获取"政策租",并没有产生显著的集聚经济效应。孟美侠等(2019)使用 DO 指数测度产业集聚也得出了相似的结论,即开发区政策对产业空间集聚具有抑制作用。袁其刚等(2015)也发现开发区对企业生产率的促进作用比较有限,另外,设立开发区会对周边的环境产生污染(王兵和聂欣,2016),而且开发区优惠政策反而限制了企业的创新能力(吴一平和李鲁,2017)。由于我国区域发展的不均衡,开发区的政策效果也会呈现出一定的区域异质性,即地理位置在开发区的发展中起到了重要的作用。向宽虎和陆铭(2015)、Zheng 等(2016)的研究指出,开发区政策在沿海地区和发达地区的效用要强于内陆地区和欠发达地区,从而得出结论:开发区不应该是"遍地开花",而应该有选择性地设立。特别地,只有当开发区的主导产业符合当地的比较优势时,才能更好地促进当地产业结构升级和经济发展(李力行和申广军,2015)。

此外,值得注意的是,与美国的开发区分为州政府和联邦政府层面的开发区类似,中国的开发区按照行政级别划分为国家级开发区[国家级开发区又包括经济技术开发区、高新技术产业开发区、海关特殊监管区(包括出口加工区和保税区)、边境经济合作区]和省级开发区。当前多数研究以国家级开发区为主,也有少量的文献关注了省级开发区的情况;针对省级开发区的研究大多发现了其在促进工业发展、提升城市消费活力以及促进制造业升级方面的积极影响。高国力(2011)介绍了我国省级开发区升级的背景、区域分布以及发展思路。吴敏和黄玖立(2017)研究了成立省级开发区(虚拟变量,该县设立开发区为1,否则为0)对开发区所在县工业发展的影响,发现成立省级开发区能够大幅提高所在县的工业经济规模,但对工业生产效率的提升没有效果。此外,孙伟增等(2018)使用双重差分法研究了城市中省级开发区升级为国家级开发区(开发区升级虚拟变量,该城市在样本期内有开发区升级为1,否则为0)对该城市消费活动的影响,发现开发区升级对城市居民总消费等一系列城市层面的宏观消费活动指标有显著的促进作用。周茂等(2018)使用双重差分法实证评估了2006年中国设立的省级开发区对所在县制造业升级(地区技术复杂度)的影响,结论显示省级开发区显著推动了所在县的制造业升级。

三、开发区对我国外向型经济发展的影响

此外,部分文献研究了开发区对我国外向型经济发展的影响。与美国等发达国家的开发区政策相比,中国的开发区政策目标往往比较多元化。正如前文所述,美国等发达国家的开发区多以增加就业为目标,而中国开发区作为承载对外开放的主要平台,一项重要的职能便是推动外向型经济的发展。有学者指出,设立开发区是中国经济改革和对外开放的重要举措,开发区政策促进了中国国际贸易的发展(Ge,1999)。部分研究也关注了开发区对企业出口的影响,发现不同类型的开发区都有助于促进出口贸易的发展。国家级经济技术开发区内的各项优惠政策和便利措施,显著促进了开发区内企业的出口贸易(吴敏和黄玖立,2012)。Schminke 和 Biesebroeck(2013)考察了中国的国家级经济技术开发区和高新技术产业园区对企业出口绩效的影响,作者通过比较开发区内外新设立企业的出口表现,发现位于经济技术开发区内的企业实现了更高的出口值,因为其具有更多的出口量和出口目的国;位于高新技术产业园区内的企业的出口产品质量是最好的,位于高新区的企业的产品价格更高且多向高收入国家出口。陈钊和熊瑞祥(2015)使用 OLS 回归模型研究了成立出口加工区对其所在城市出口的影响,发现出口加工区作为一种产业政策能够显著增加受扶持行业内企业的出口额,而且这种出口鼓励政策对于原本就具有比较优势的行业影响更大。唐诗和包群(2017)重点考察了高新技术产业开发区对出口结构的影响,发现其能够提高出口技术复杂度较高产品的出口概率。另外,章韬和戚人杰(2017)、叶修群(2017)对出口加工区和保税区的贸易促进作用进行了分析,沈鸿等(2017)则同时考虑了经济技术开发区、出口加工区和高新技术产业开发区三类国家级开发区的影响,结果显示三类开发区均对提升企业出口集约边际具有显著的影响。尽管上述文献探讨了开发区对企业出口行为的影响,但是并没有考虑企业异质性以及与此相关的企业出口选择行为和出口学习行为。

第二节　异质性企业出口行为的研究综述

本节从两个方面对异质性企业出口行为的已有文献进行综述,一类文献主要是与本书相关的企业出口选择和企业出口学习行为的研究,另一类文献考察了集聚经济、政府干预以及企业自身的特征等其他影响企业出口的因素。对上述两类文献进行系统梳理可以进一步为本书主要解释变量和控制变量等的选取提供理论、经验证据。企业出口选择行为和出口学习行为作为企业出口和生产率关系的两个方面,表明了生产率在企业出口中的重要作用。此外,也有大量的文献研究表明,除了生产率之外,政府补贴、集聚经济、交通基础设施、企业自身规模、工资水平、所有权结构等也是影响企业出口行为的重要因素。

一、企业出口选择效应和出口学习效应的综述

概括而言,企业出口选择行为和企业出口学习行为是企业出口和生产率因果关系的具体体现,前者是指出口前生产率对企业进入出口市场可能性的影响,后者是指出口后能够通过出口学习带来企业生产率的进一步提升,二者共同作用的结果使得出口企业的生产率水平高于非出口企业(Toshihiro and Eiichi,2013),从而产生出口生产率溢价。但值得强调的是,在学者们刚开始关注企业出口和生产率关系时并没有对二者做明确的区分,这里首先对这段时期的文献进行综述,接下来分别归纳研究出口选择效应和出口学习效应的文献。

(一) 早期关于出口溢出的研究

最早关注微观企业出口表现的研究可以追溯到1995年。Bernard等(1995)使用美国1976—1987年的微观企业调查数据发现出口企业的规模、资本密集度、单位工人的投资均高于非出口企业,在劳动力市场上,出口企业支付的生产性工人和非生产性工人的工资比非出口企业高出14%,工人的福利水平比非出口企业高出32.7%,此外,文章还发现出口

企业具有更高的劳动生产率(用增加值和单位货运量衡量)。可以说，Bernard等(1995)的研究是最早关注企业出口和生产率关系的文章。以这篇文章为基础，越来越多的学者开始研究出口企业相对于非出口企业的表现，大量的实证研究都证实了出口企业在就业创造、工资水平、生产率以及资本密集度等多个方面均优于非出口企业。比如，Aw和Hwang(1995)使用中国台湾地区1986年电子行业2 832家企业的数据，对比分析了出口企业和非出口企业产出的不同及其原因，文章发现出口企业的产出显著高于非出口企业，而由C－D函数的截距项所代表的企业生产率解释了出口企业和非出口企业产出差异的3%~20%，值得指出的是，这篇文章虽然认为生产率是造成出口企业和非出口企业产出差异的重要原因，但是并没有直接研究生产率和企业出口之间的关系。与此同时，Bernard和Wagner(1997)以德国1978—1992年7 624家企业为样本，研究发现与非出口企业相比，德国的出口企业往往规模更大，资本密集度和生产效率更高，雇佣的白领工人更多。Bernard和Jensen(1997)继续使用美国1976—1987年制造业部门企业层面的调查数据，研究了出口对制造业部门工资差距的影响，发现出口企业对技术工人的需求增加，是熟练工人和非熟练工人产生工资差距的重要原因。

既然大量的研究都证明出口企业在很多方面优于非出口企业，那么究竟是优秀的企业成为出口企业(即企业在出口前就已经比非出口企业更加优秀)还是出口提升了企业的绩效(即出口使得企业更加优秀)？Bernard和Wagner(1997)在论文中也回答了产生出口溢价的原因，他们认为更优秀的企业选择进入出口市场，从而提高了出口部门的整体表现。紧接着，Bernard和Jensen(1999)使用美国1984—1992年的企业数据对这个问题进行了专门的研究，他们的实证研究证实了美国的确是更优秀的企业进入了出口市场，企业在进入出口市场之前，其产值和就业的增长率均显著高于非出口企业，此外，出口之前企业更大的规模和更高的工资也增加了出口的可能性。出口对企业带来的好处却比较难以确定，最主要的好处是出口提高了企业生存的概率，但是出口企业的产值、生产率和工资却增长缓慢。虽然大量的研究都证实了更优秀的企业出口,但是Wagner(2002)认为对于出口企业和非出口企业的比较均是基于当前的状态,如果今天的开始出口企业比非出口企业更加优秀,即使今天的开始出口企业不出口也可能一直会比非出口企业更加优秀,那么如何证明开始出口企业更加优秀的表现是由出口或者不出口引起的呢?为了解决这个问题,Wagner(2002)使用匹配的方法(选取合适的对照组和控制组),基于德国1978—1989年的企业数据,研究了出口和企业表现之间是否存在因果关系,结果显示开始出口企业的规模、劳动生产率、人均工资、人均销售额在出口之前均高于非出口企业,从而证明了更优秀的企业出口的事实。此外,通过比较开始出口企业和非出口企业在出口前后几年各个指标的增长率可以发现,开始出口企业一旦出口,其就业、劳动生产率、人均工资等的增长率都高于非出口企业。

与之前的研究关注出口企业在企业规模、工资、生产率等各个方面的表现不同,Clerides 等(1998),Aw 等(2000)以及 Baldwin 和 Gu(2003)专门研究了企业出口与生产率之间的双向因果关系,对于出口前生产率对企业出口决定的影响二者得出了一致的结论,但是对于企业是否会因为出口而获得生产率的提高二者却得出了相反的结论。Clerides 等(1998)主要以哥伦比亚、墨西哥和摩洛哥等发展中国家企业为样本检验了生产率和出口之间的关系,发现出口企业在进入出口市场之前已经具有较高的生产率,但是进入出口市场之后企业的生产率并没有进一步提高。Aw 等(2000)使用中国台湾地区和韩国的企业数据对这两种机制进行了检验,中国台湾地区的经验证据表明连续出口企业、新进入出口市场企业、退出出口市场企业以及非出口企业的生产率依次递减,在进入出口市场之前,出口企业就已经表现出了生产率优势,也就是说存在选择效应,但是没有证据证明存在出口学习效应;使用韩国微观企业数据的实证检验表明在进入出口市场之前进入企业和非进入企业之间并不存在显著的生产率差异,出口也不会导致出口企业和非出口企业生产率差距的扩大,也就是说既不存在选择效应也不存在出口学习效应。Baldwin 和 Gu

(2003)使用加拿大制造业部门 1974—1996 年的企业数据对企业出口和生产率之间的关系进行了验证,文章发现更有效率的企业进入出口市场,同时生产率越高的企业留在出口市场的概率也更大。进入出口市场可以提高生产率,企业出口之后生产率的增长高于非出口企业,退出出口市场的企业的生产率增长低于那些连续出口的企业。

综上所述,正是由于存在"出口选择效应"和"出口学习效应"两种机制,出口企业的生产率往往高于非出口企业。接下来的研究对二者做了比较明确的区分。

(二)企业出口选择效应的文献综述

异质性企业贸易理论模型(Melitz,2003;Melitz and Ottaviano,2008)是企业出口选择行为的理论基础,详细阐述了出口前生产率对企业出口的决定作用,并认为存在高生产率企业进入出口市场的"出口选择效应"。这里主要以 Melitz(2003)异质性企业贸易理论模型为节点,从两个部分来综述企业出口选择行为的研究:第一部分主要介绍以 Melitz(2003)及 Melitz 和 Ottaviano(2008)为代表的异质性企业贸易理论模型;第二部分介绍有关企业出口选择效应以及由此衍生的相关问题的实证研究。

在观察到大量的实证研究都证明了更加优秀的企业进入出口市场,尤其是大量实证研究证明了生产率在企业出口参与中的重要决定作用之后,Melitz(2003)构建了一个动态的包含异质性企业的产业模型(也就是我们现在所熟悉的异质性企业贸易理论模型),分析了参与国际贸易对产业间重新分配以及总的生产率的影响,从而解释了这种现象背后的作用机制。具体而言,模型指出进入出口市场是有成本的,企业具有不同的生产率水平,企业在进入出口市场之前就可以知道其生产率水平,贸易带来的结果是只有高生产率的企业才能够解决这些成本问题而选择进入出口市场,生产率较低的企业供给国内市场,而生产率最低的企业被迫退出市场,从而提高了整个行业的生产率。这种由于出口市场进入成本使得只有高生产率的企业进入出口市场的机制被称为"出口选择效应",从而从理论上解释了为什么只有优秀的(这里用更高的生产率来表示)企业才可以出口。

接下来,大量的实证研究使用不同国家的微观企业数据对出口选择效应进行了验证,总体来看,大部分国家的实证研究都支持选择效应的存在。为了更好地识别出口和生产率之间的因果关系,Grima 等(2004)首次将匹配的方法引入企业出口生产率关系的研究,并基于英国 1988—1999 年 8 992 家制造业企业的数据,检验了选择效应,发现生产率高的企业选择进入出口市场。Greenaway 和 Kneller(2004)使用英国 1989—2002 年 11 225 家企业的数据研究了出口和生产率之间的关系,结果发现选择效应在英国制造业企业中显著存在,规模越大、生产率越高的企业越容易进入出口市场。Krimura 和 Kiyota(2006)使用日本 1994—2000 年 22 000 家企业的面板数据分析了生产率和企业出口、外商直接投资之间的关系,结果表明生产率最高的企业同时从事出口和外商直接投资,而生产率较低的企业从事出口或者对外投资,生产率最低的企业仅供给国内市场。Aw 等(2007)使用 1986、1991、1996 年中国台湾电子行业的企业数据研究了出口经验、生产率、研发投资对企业出口的影响,发现无论企业是否进行研发或者岗位培训,具有出口经验以及较高生产率的企业更容易进入出口市场。Máñez-Castillejo 等(2010)使用西班牙的制造业企业数据研究发现,企业的选择效应在不同规模的企业之间存在显著的异质性,具体而言,与规模较大的企业相比,出口选择效应主要存在于小规模的企业。Kasahara 和 Lapham(2013)使用 1990—1996 年智利的企业数据发现生产率和国际运输成本是决定企业进出口的重要因素,拥有更高的生产率和更低的国际贸易成本的企业选择从事出口和进口贸易,此外,贸易自由化使得产业总的生产率水平增加了 5%～21%,值得注意的是,由于进出口是互补的,限制中间产品进口也同时降低了出口。通过回顾已有的研究成果,我们发现以不同国家企业数据为样本的经验分析基本支持生产率更高的企业出口,即出口存在"自我选择效应"。

随着中国对外贸易的快速发展,越来越多的学者开始关注企业出口和生产率的关系在中国的表现,但是并没有得出统一的结论。部分文献发现出口企业的生产率溢价在中国也显著存在。比如,张杰等(2008)使用江苏省2005年制造业企业调查数据的研究发现,无论是全要素生产率、资本生产率还是劳动生产率都是促进企业出口的重要因素。易靖韬和傅佳莎(2011)基于2001—2003年浙江省11个城市的企业数据发现,企业生产率对企业出口参与和出口量都有显著的影响,生产率越高的企业越容易进入出口市场,存在显著的选择效应。上述研究结果虽然证明了出口选择效应的存在性,但是由于其样本选择的有偏性导致其结果并不具有一般性。在此基础上,Yang和Mallick(2010)使用世界银行2003年对中国18个城市企业的调查数据再一次证实了高效率的企业进入出口市场。考虑到横截面数据的局限性,钱学锋等(2011)和邱斌等(2012)使用1999—2007年中国工业企业数据库的数据,对企业生产率和出口之间的关系进行了重新验证,结果发现出口选择效应和出口学习效应在中国是同时存在的,即生产率高的企业选择进入出口市场,而出口又进一步促进了企业生产率的提升。赵伟和赵金亮(2011)进一步指出生产率和企业出口倾向之间存在倒U形的关系,出口选择效应在中国存在有限的适用性。刘振兴和金祥荣(2011)的研究也发现出口企业的生产率高于非出口企业并不是一个普适性的结论。汤二子和刘海洋(2011)基于2008年的中国工业企业数据,发现出口企业的生产率显著低于非出口企业,不符合异质性企业贸易理论的预期。综上所述,以中国制造业企业作为样本的多数研究得出了生产率低的企业进入出口市场。学者们将这一与主流理论不同的发现称为中国的"出口—生产率悖论"(李春顶和尹翔硕,2009;李春顶,2010,2015;李春顶等,2010;汤二子,2017)。

对此,学者从不同角度进行了解释,企业所有制是其中一个重要的考虑因素。Lu等(2010)认为全球化背景下产品的生产过程会分布在不同国家和地区,而外商投资企业由于本身就面向国际市场,故出口的生产率门槛较低。盛丹(2013)也发现悖论主要存在于外资出口企业,并从地区行政垄断的角度进行了分析。中国以加工贸易为主的出口方式则被视为悖论发生的另外一个重要原因,将工业企业数据与海关数据相结合,戴觅等(2014)和Dai等(2016)都发现从事加工贸易的企业相比非出口企业具有更低的生产率,剔除加工贸易的影响则悖论就会消失,与从事一般贸易的企业相比,加工贸易所需的成本往往更低且还有更多的补贴。此外,范剑勇和冯猛(2013)从出口密度的角度出发否认了出口企业存在出口生产率悖论的现象,具体而言,当企业的出口密度小于25%时,出口企业的全要素生产率远高于非出口企业,出口企业的出口密度超过75%时,出口企业的生产率就会低于内销企业,作者认为高出口密度的加工贸易企业是产生悖论的主要来源。张杰等(2016)则考虑了直接出口和间接出口的差异,具体而言,间接出口企业或加工贸易企业的出口不存在选择效应,直接出口或混合贸易企业的出口存在显著的选择,一般贸易企业也存在显著的选择效应。

除了企业自身的所有制特征和出口方式的影响,我国区域经济发展所具有的一些地理和空间特征也被认为是悖论发生的重要因素(Yang and He,2014)。企业是否出口的决策一般是在对国外市场和国内市场进行比较之后做出的,然而由于我国地方保护主义在一定程度上仍存在,各地区之间形成了较强的分割和壁垒,降低了国内市场的需求潜力,提高了国内市场的贸易成本,从而使得低生产率的企业只能进入国外市场而高生产率的企业立足国内市场(朱希伟等,2005;张杰等,2010;安虎森等,2013;张艳等,2014;赵玉奇和柯善咨,2016)。另外,我国要素市场的扭曲也显著改变了企业出口和生产率的关系,提高了劳动密集型外资企业的出口倾向,而在控制要素市场扭曲之后,外资企业的"出口—生产率悖论"现象消失。Li等(2020)则基于我国东中西部发展不均衡的事实,从运输成本和出口机会的角度论证了生产率决定企业出口的区域异质性。

虽然很多文献都发现了我国企业出口中存在与主流理论观点不同的"出口—生产率悖论",很多文献基于不同视角也对此进行了专门的解释,但本书认为,"悖论"并不是对现有理论的一种否定,而是在我国特定的开放进程和贸易特征下所出现的特定现象。可以说,过去40多年我国创造的"出口奇迹"是在全球化背景下依托改革开放和廉价劳动力所释放的红利,在占尽低要素价格、低产品价格、高国外市场需求以及优惠的出口政策的优势下发生的,具有自身的独特条件,并不完全符合异质性企业贸易理论的假设(汤二子,2017)。因此要理解我国企业的"出口—生产率悖论",就必须从中国对外开放的实际情况出发进行分析。已有文献强调了我国以外资企业和加工贸易为主的贸易方式以及国内的市场分割所带来的影响(Lu et al.,2010;Yang and He,2014;戴觅等,2014;赵玉奇和柯善咨,2016;刘竹青和佟家栋,2017),但是作为推动我国对外贸易发展的另外一个重要因素,政府政策支持的作用却较少提及。开发区是我国对外开放的主要平台,同时也是重要的政策高地和集聚高地,通过作用于企业的生产和贸易行为,必然会改变企业出口的生产率门槛和出口偏好,以及出口后进行学习和创新的动力,从而影响异质性企业出口的选择行为和学习行为,对企业出口效率产生一定的重塑。

(三)企业出口学习效应的文献综述

对于成功进入出口市场的企业而言,通过向客户、消费者学习获得海外市场的知识,可以学习到先进的技术和经验,从而提高产品质量和管理水平并刺激企业的创新活动,最终使得生产率得到进一步提升(Salomon,2005;Crespi et al.,2008)。观察一些现实中的现象:比如,出口导向型发展的部分效率主要来源于出口带来的外部性,即买方希望从主要供应商那里获得低成本、高质量的产品,因此,买方经常会免费提供产品设计和技术援助以改进工艺技术。最早提出出口学习效应并建立理论模型来说明其背后机制的研究可以追溯到Clerides等(1998),该模型详细探讨了出口促进生产率提高的理论机制,即出口学习效应是否存在,在该模型中作者假设企业的生产率依赖于其过去的出口经验,由于其模型无法得出解析解,作者使用了数值模拟的方法得出了一些具有启示性的结论:非出口企业经历正的生产率冲击后进入国外市场,出口企业经历负的生产率冲击后退出国外市场,出口学习效应使得企业在进入出口市场之后获得了生产效率的提升。

接下来,大量的实证研究使用不同国家的微观企业数据对出口学习效应进行了验证。总体来看,支持出口学习效应存在的经验证据相对较少。来自英国和西班牙制造业企业的证据表明,出口有助于提高企业的生产率(Grima et al.,2004;Máñez-Castillejo et al.,2010)。同样,Krimura 和 Kiyota(2006)发现在控制了生产率的收敛效应之后,出口和对外投资反过来也会促进企业生产率的提高。此外,De Loecker(2007)使用斯洛文尼亚 1994—2000 年的制造业企业数据也证明了出口学习效应的存在,具体而言,企业开始出口伴随着生产率的显著提高,尤其是当企业的出口目的国为高收入国家时,生产率提高的幅度更大。此外,随着时间的推移,出口企业和非出口企业之间的生产率差距逐渐扩大。同样,张杰等(2009)也使用匹配的方法(PSM)基于中国 1999—2003 年的制造业企业数据证明了出口学习效应是显著存在的,但是出口学习效应并不具有持续性:只在企业进入出口市场的前 3 年内存在,从第 4 年开始便不再显著,作者认为这主要是因为出口对企业生产率的提升作用主要来自企业生产工艺流程及组织管理方式改善等非创新性因素。Aw 等(2007)使用 1986、1991、1996 年中国台湾电子行业的企业数据研究发现企业参与出口市场与其未来的生产率水平显著正相关,而当出口企业投资于研发或岗位培训时,其将来的生产率水平显著高于仅从事出口的企业,从而证明了企业自身的技术水平、研发能力在吸收出口的溢出效应方面的重要作用。

与上述研究结论相反,出口学习效应并不总是存在的。比如,Greenaway 和 Kneller(2004)同样使用英国 1989—2002 年 11 225 家企业的数据研究发现没有证据支持出口学习效应的存在,企业进入出口市场之后的表现并没有进一步提高。Salomon 和 Jin(2008)进一步强调了企业出口学习的行业异质性,相对于技术先进的行业,技术落后的企业可以通过出口获得更多的溢出效应。Martins 和 Yang(2009)使用荟萃分析方法研究了 30 多篇研究企业出口生产率关系的文章,发现发展中国家企业出口对生产率的影响要大于发达国家,同时企业出口第一年的学习效应最为明显,此外,当使用的样本不限于匹配的企业时学习效应更大。Silva 等(2012)指出对企业出口学习效应的准确测度应依赖企业的创新活动而不是全要素生产率。使用中国企业样本对于出口学习效应的研究也没有得出一致的结论,比如,项松林和马卫红(2013)基于世界银行《中国企业普查数据》的研究发现,没有证据表明企业出口能够提高生产率,进而不存在学习效应。汤二子和刘海洋(2011)进一步基于 2008 年中国工业企业的数据更是发现不仅不存在出口学习效应,出口反而阻碍了企业生产率的提升。

究其原因,Du 等(2012)指出外资企业的出口学习效应要弱于内资企业,尤其是高出口倾向度的外资企业从事出口反而导致了生产率的显著下降(包群等,2014)。此外,依附低端制造以及贸易中介出口也是造成中国企业出口不存在学习效应的重要原因(金祥荣等,2012)。同样,高密度的出口企业也是抑制出口学习效应的重要来源,范剑勇和冯猛(2013)从出口密度的角度出发指出,当企业的出口密度小于 25% 时,存在较强的持续时间较长的学习效应,而当出口企业的出口密度超过 75% 时,不存在学习效应。环境特点会作用于企业出口学习效应,在集聚出口的双重状态下企业生产率的提升高于单纯出口和单纯集聚状态下的学习效应(赵永亮等,2014)。间接出口企业或加工贸易企业的出口不存在出口学习效应,直接出口企业或混合贸易企业的出口存在微弱的出口学习效应,只有一般贸易企业存在显著的出口学习效应(张杰等,2016)。此外,要素市场扭曲在一定程度上削弱了出口对生产率的促进作用(刘竹青和佟家栋,2017)。

二、影响企业出口的其他因素

上述分析强调了生产率在企业出口决定中的重要性,但是对出口企业而言,尤其是像中国这样处于经济转型期的发展中大国而言,政府的优惠政策、产业集聚、融资约束等宏观环境以及企业自身的一些特征也会影响企业的出口行为。

集聚经济作为影响企业出口的重要因素，大量的实证研究对此进行了验证。企业进入出口市场面临着信息搜寻、市场开拓等方面的成本，而经济活动的空间集聚、同类型或者不同行业企业的地理集中能够促进企业之间的交流和信息共享等，提高其搜寻、匹配以及学习效率，从而促进企业的出口(Krautheim,2007)。此外，产业集聚或者企业的地理集聚有助于促进企业之间的知识、技术溢出，从而提高企业的技术水平，并使得企业更容易获得出口市场信息(Lovely et al.,2005)，同时产业集聚使得竞争加剧，也迫使企业通过出口寻求更大的市场。大量实证研究结果表明，产业集聚和空间集聚都有助于促进企业出口(文东伟和冼国明,2014;佟家栋和刘竹青,2014;张国峰等,2016;邵朝对和苏丹妮,2019)。其中，值得强调的是，同类型企业的集聚尤其是出口企业的集聚使得企业之间通过学习、模仿、市场信息与网络共享等渠道形成了显著的外溢效应(Greenaway et al.,2004;Kneller and Pisu,2007)。不同行业的企业集聚也会促进出口经销商、货物代理商等机构的建立，降低与国内销售相比企业进入出口市场需额外支付的沉没成本，如国外市场开拓、信息搜集、广告投入、与国外政府机构建立关系等，降低企业出口的信息成本、进入国外市场的推广费用及分销成本等(孙楚仁等,2015)。此外，外资的大量涌入以及外资企业的空间集聚，对我国本土企业的出口起到了明显的示范作用和溢出效应。实证研究发现，外资进入引致的地理集聚与行业集中，不仅提高了其本身的出口倾向度，同时还通过出口示范、市场竞争以及产业关联等作用促进了中国内资企业的出口倾向(包群等,2012)。但是，集聚与企业出口活动之间并非简单的线性关系，过度集聚也会抑制企业的出口行为，比如，当出口企业的集聚超过临界点之后，其带来的大量企业扎堆与恶性竞争反而引发了出口拥挤现象，出口企业之间通过相互挤占或者压缩对方的出口空间，从而降低了企业出口概率及其出口数量(叶宁华等,2014;陈旭等,2016)。

政府作为中国经济活动的重要参与者，企业的生产经营深受政府这只"有形之手"的影响，政府的经济政策、制度安排甚至地方政府官员的个人偏好和执政能力都会对企业的经济活动产生或多或少的影响。其中，补贴作为最常见的政府用来干预企业出口行为的政策工具，在全世界范围内得到了广泛使用，但是对于补贴的作用效果，现有研究并没有得出一致的结论，比如，理论研究认为与出口份额相关的补贴促进了企业（尤其是低生产率企业）的出口（Defever and Riaño，2017）。此外，学者们分别使用美国、德国、爱尔兰等国家的微观企业数据验证了补贴对企业出口的影响，发现美国州政府实施的积极出口政策促进了企业的出口额扩张（Bernard and Jensen，2004）。但是使用爱尔兰制造业企业数据的研究却发现，政府补贴对促进企业进入出口市场没有显著作用（Gorg et al.，2008），来自德国的使用微观企业数据的实证研究也表明，生产性补贴并不能促进潜在出口企业进入出口市场（Grima et al.，2009）。

同样，为了促进我国外向型经济的发展，补贴也是中国政府最常用的政策工具。大量的文献专门针对中国政府补贴对企业出口的影响进行了研究，但没有得出一致的结论。从补贴对中国企业出口模式的影响来看，补贴促成了"低价竞争、数量取胜"的出口模式，即补贴增加了企业出口的数量，降低了价格（施炳展等，2013）。此外，从补贴对企业出口二元边际的影响来看，政府补贴并不会影响企业出口的集约边际，但是对企业出口的扩展边际具有显著的倒 U 形影响（张杰和郑文平，2015）。也有学者专门关注了政府生产性补贴对企业出口的影响，发现生产性补贴对促进潜在出口企业做出出口决策以及在位出口企业提升出口密集度都有显著的作用（苏振东等，2012）。此外，在其他中国政府的出口鼓励政策中，出口退税政策作为提升企业出口积极性的重要举措也得到了广泛使用，因此也得到了学者们较多的关注。对于出口退税的积极作用，研究发现出口退税有利于提高企业的出口额和出口目的国数量，提升出口产品质量（刘怡和耿纯，2016；袁劲和刘啟仁，2016）。也有学者指出出口退税的政策效应并不总是积极的：出口退税政策并不能有效提升出口企业利润率（周琢和陈钧浩，2016），还扩大了出口部门和非出口部门之间的成本加成差异，加深了两部门之间资源错误配置程度（钱学锋等，2015），此外，出口退税率提高引致企业虚报出口价值和数量以骗取退税,导致虚假贸易盛行(李红等,2019)。另一个值得强调的反映政府干预经济活动的重要变量,同时也是促进中国企业出口的重要因素便是要素价格扭曲。在中国,政府拥有关键生产要素的定价权,在这样的背景下,学者的研究发现,中国工业企业的要素价格被严重低估,要素价格扭曲程度高达11.216,要素价格负向扭曲显著促进了中国企业出口(施炳展和冼国明,2012)。也有学者指出我国的知识产权保护制度不完善以及社会信用体系缺失造成了企业出口的逆向选择,低技术的企业通过加工贸易进入出口市场并挤占高技术企业的市场,从而导致我国出口贸易扩张(张杰等,2008)。

此外,融资约束也是影响企业出口参与的重要因素(Chaney,2005;Manova,2013),来自英国、意大利等不同国家的实证研究得出了较为一致的结论:较高的融资约束使得企业不能解决沉没成本问题而无法进入出口市场(Greenaway et al.,2007;Forlani,2010)。由于金融市场的不完善,中国的企业也面临严重的融资约束问题,且学者们的研究发现,外源融资约束是限制我国企业出口参与的重要因素(孙灵燕和李荣林,2011),企业的出口选择尤其受到银行贷款约束的制约(韩剑和王静,2012),尤其是中国企业出口固定成本受到融资约束的影响,明显制约了企业的出口能力(于洪霞等,2011)。同时,融资约束扭曲了企业的贸易模式选择,在面临银行融资约束的环境中,出口企业将更容易选择有政策支持的出口导向型贸易模式而非一般贸易(刘晴等,2017)。融资约束还对中国企业出口的扩展边际产生了制约作用,主要是限制了民营企业出口的二元边际,对国有企业并没有影响,但是,在外资企业中,融资约束对外资企业出口的二元边际产生的却是促进作用(张杰等,2013)。企业融资状况的改善不仅能提高企业出口的概率,而且对企业扩大出口规模有促进作用(阳佳余,2012)。运输成本是影响企业出口进入的另一个重要因素,而良好的基础设施降低了企业出口所面临的固定成本,对企业出口的二元边际都有显著的促进作用(盛丹等,2011)。如前所述,由于中国行政区经济的特点,企业的出口行为深受政府干预的影响,其中,地方政府官员作为政府的直接代理人,其任职是否稳定及其工作分工都会对企业出口产生影响,素质较高的干部队伍是促进企业出口的重要力量(黄顺武等,2017)。

第三节 本章小结

本节主要对以开发区和异质性企业出口行为为主题的两类文献进行归纳总结,在此基础上发现现有文献的研究进展、不足之处以及尚需要进一步探索之处,一方面为本书的研究提供理论基础和经验借鉴,另一方面也为本书的研究提供新的视角和方向。

一、开发区的研究总结

综观已有的研究,开发区的研究根据其研究对象可以大致分为两类。第一类文献关注开发区对区域层面的宏观加总变量的影响,包括外商直接投资、出口、地区就业、收入、经济增长、地区消费、产业结构升级以及环境污染等。第二类文献关注开发区对微观企业的影响,这类文献大部分关注开发区政策对企业生产率的影响,也有少量研究考察对企业创新能力、进入退出、企业规模等的影响。总体来看,当前有关开发区的研究存在的最大问题是没有准确地界定开发区。此外,大多数文献都是研究国家级开发区,缺乏对不同类型开发区的比较研究。而事实上,中国的开发区种类较多,除了按照行政级别划分的国家级和省级开发区之外(省级开发区的数量远远多于国家级开发区),按照功能和政策目标还可以分为经济技术开发区、高新技术产业开发区、出口加工区、保税区等多种类型。最后,当前使用微观企业数据研究开发区的文献多是使用1998—2007年的中国工业企业数据库,数据较为陈旧,不能反映现在的实际情况。

具体而言,开发区的研究存在以下几个方面的不足:

第一,现有文献大多考察开发区对地区宏观变量的影响,而来自企业层面的微观证据尚不够丰富,比如大部分文献关注开发区对经济增长、外商直接投资、出口、地区就业、收入、地区消费、产业结构升级以及环境污染等地区层面宏观变量的影响。为数不多的微观企业层面的研究多是聚焦于开发区对企业生产率的影响,也有一些文献考察了开发区政策对企业创新能力、进入退出等的影响。此外,与本书相关的、目前仅有的几篇研究开发区政策对企业出口影响的文献,并没有关注企业的出口选择行为和出口学习行为。企业作为开发区的行为主体,是开发区竞争力的直接体现,若要更好地发挥开发区对外开放平台和经济发展的空间载体作用,就需要对开发区影响企业出口行为的作用机制进行系统的研究。

第二,开发区空间范围的界定和开发区企业的识别不够准确。正如前文所述,按照研究对象,可以将现有对开发区效应检验的文献大致分为两类,第一类文献研究开发区对地区宏观变量的影响,第二类文献研究开发区对微观企业的影响。与此相对应,现有文献中对开发区空间范围的界定方法大致有四种类型(见表2.1)。第一类方法将设立开发区的城市或者县等空间单元全部看作开发区,设置开发区虚拟变量来识别开发区的效应,具体而言,如果某地在某年成立了开发区,则该地的开发区虚拟变量取值为1,否则为0。比如吴敏和黄玖立(2012)、刘瑞明和赵仁杰(2015)、李力行和申广军(2015)等均采取了这种做法,而陈钊和熊瑞祥(2015)是以企业为研究对象检验出口加工区的作用,具体而言,文章将出口加工区所在城市中的所有企业看作出口加工区企业。张国峰等(2016)、王永进和张国峰(2016)、盛丹和张国峰(2017)也以企业为对象研究了开发区的作用,其对开发区企业的识别是将设有开发区的县里的所有企业都看作开发区企业,而将没有开发区的县里的所有企业均看作非开发区企业。第二类方法通过企业地址信息来识别企业是否位于开发区,具体而言,大部分文献通过企业的名称或地址信息中是否含有开发区、保税区、经济区、产业区等字段来识别开发区企业。比如,向宽虎和陆铭(2015)、Chen等(2019)对开发区企业的识别采用了这种方法,如果某个企业在名称、地址等变量中出现"开发""工业园""工业区""园区""高新"字样,则将该企业认定为开发区企业。吴一平和李鲁(2017)、盛丹和张国峰(2017)、李贲和吴利华(2018)也采用了同样的方法识别企业是否属于开发区企业。袁其刚等(2015)在识别开发区的企业时,先将开发区的地址分解为省、市、区,然后与企业的地址进行匹配来识别开发区企业。类似的,林毅夫等(2018)的研究使用工业企业数据库中企业的邮政编码和开发区的邮政编码进行匹配来识别企业是否位于开发区内。第三类方法用开发区的管委会所在地来代替开发区的位置,比如,王兵和聂欣(2016)在研究开发区的环境效应时使用了这种方法来定位开发区。第四类方法通过开发区的地址信息确定开发区的边界范围并上图,同时根据企业的地址信息提取其经纬度并上图,然后将二者进行匹配。这种方法能够准确识别出开发区内的企业,但是需要较大的工作量。Lu 等(2015)和 Zheng 等(2017)也使用了该类方法,谭静和张建华(2019)通过匹配开发区边界和企业的经纬度信息识别了国家级开发区内的企业,而对于省级开发区内企业的识别依然采取第二类方法。

表 2.1　　　　　开发区界定和开发区企业的识别方法分类

识别方法	参考文献
方法一:将设立开发区的城市或者县等空间单元等同于开发区,设置开发区虚拟变量来识别开发区的效应,如果某地在某年成立了开发区,则该地的开发区虚拟变量取值为 1,否则为 0。如果研究对象为微观企业,则企业所在地有开发区则为开发区企业,否则为非开发区企业	吴敏和黄玖立(2012)、Wang(2013)、刘瑞明和赵仁杰(2015)、李力行和申广军(2015)、陈钊和熊瑞祥(2015)、Alder et al.(2016)、张国峰等(2016)、王永进和张国峰(2016)、盛丹和张国峰(2017)、唐诗和包群(2017)、叶修群(2017)、沈鸿等(2017)、章韬和戚人杰(2017)、周茂等(2018)
方法二:通过企业地址信息来识别企业是否位于开发区内,大部分文献通过企业的名称或地址信息中是否含有"开发区""保税区""经济区""产业区"等字段来识别开发区企业	向宽虎和陆铭(2015)、Chen et al.(2019)、吴一平和李鲁(2017)、盛丹和张国峰(2017)、李贲和吴利华(2018)、袁其刚等(2015)、林毅夫等(2018)
方法三:用开发区管委会所在地代替开发区的位置	王兵和聂欣(2016)
方法四:根据开发区的四至范围确定开发区的边界信息并上图,同时根据企业的地址信息提取其经纬度并上图,然后将二者进行匹配	Lu et al.(2015)、Zheng et al.(2017)、Huang et al.(2017)、谭静和张建华(2019)

资料来源:作者整理。

表 2.1 中的前三类方法都不能准确界定开发区。对第一类方法而言,这种处理方式相对较为粗略,很难准确识别出开发区的作用,因为还

有其他很多地区层面的因素会对地区层面的宏观变量产生影响,从而产生遗漏变量误差。此外,由于开发区在面积和企业数量方面都远远小于县或者市的面积以及拥有的企业数量,这类将开发区等同于县或者市的方法容易高估开发区的作用。对第二类方法而言,并不是所有的开发区企业名称和地址信息中都会包含开发区字段,故这种方法容易低估开发区的作用。此外,该方法存在的另一个不足是无法识别企业具体位于哪一个开发区以及开发区成立的时间。对于第三类方法而言,开发区的管委会并不能准确替代开发区的位置,笔者在将开发区上图的过程中发现,并不是所有的开发区管委会都在开发区的内部,有的甚至位于当地政府所在地。总之,上述前三类方法都不能精确地识别开发区企业,以此为基础得出的研究结果也值得推敲。

二、异质性企业出口行为的研究总结

对于异质性企业出口行为的研究,有大量的实证文献检验了不同生产率企业的出口行为。同时,也有较多的文献发现集聚经济、政府政策、基础设施等宏观环境以及企业自身的除生产率以外的特征也会影响企业的出口行为。总体来看,现有文献尚存在以下几个方面的不足:

第一,当前关于企业出口行为的研究对于开发区的作用关注不足。国内外大量的文献以 Melitz(2003)异质性企业贸易理论为基础,检验了生产率对企业出口行为的影响,而大部分以中国企业数据为样本的实证研究发现这一理论并不符合中国的实际,即与异质性企业贸易理论的结论相反,中国企业的生产率越低,出口倾向度越高,从而产生了"出口—生产率悖论",学者们分别从不同的角度对此进行了解释,但是鲜有文献关注开发区的作用。开发区作为我国外向型经济发展的主要平台和空间载体,在改革开放的进程中发挥了重要作用,是重要的政策高地和集聚高地,其在制度安排、政策环境、基础设施、集聚效应等方面与开发区之外的地区有很大的区别,而在我国未来的经济发展中,必须在始终坚持改革开放的前提下实现更加全面的对外开放,而开发区作为中国改革开放的重要平台必须更好地发挥其作用。企业作为开发区的微观主体,其生产和贸易行为深受开发区政策安排和营商环境等的影响,研究开发区对企业出口行为尤其是异质性企业出口行为的影响,对于更好地发挥开发区的作用以提高出口企业的竞争力具有重要的理论意义,同时也是促进开发区和我国出口贸易可持续发展的迫切需要。

第二,经验研究的样本期间较为陈旧。当前以中国企业数据为样本的异质性企业出口行为的研究,多是使用1998—2007年的中国工业企业数据库,并得出了中国存在"出口—生产率悖论"的结论,但是随着企业管理水平的提升、技术升级和产品质量的提高,企业参与国际贸易的方式也在不断改变,异质性企业的出口行为是否会产生新的变化,这就迫切需要在研究中使用更新的数据。此外,与异质性企业出口行为的研究相类似,大多数微观企业层面的开发区效应的经验研究也使用了1998—2007年的中国工业企业数据库。因此,使用更新的数据对开发区影响异质性企业出口行为进行研究,无论是对于开发区经济效果的评价还是对于异质性企业出口行为的研究都能够提供更新的经验证据。

本书的研究将会弥补上述不足。本书将在更加准确地界定开发区的空间范围和识别开发区内企业的基础上,一方面,基于开发区作为我国对外开放平台的现实考虑,另一方面,基于以异质性企业贸易理论为代表的新新贸易理论的理论基础(其强调由于出口选择效应和出口学习效应的存在,出口企业相较于非出口企业具有更高的生产率),将开发区政策和企业出口行为统一在一个框架下,从企业出口选择和出口学习的角度考察我国开发区政策对区内异质性企业出口行为的作用机制,并基于微观制造业企业数据进行实证检验。此外,考虑到长三角地区的开发区地处我国沿海地区,具有明显的区位优势,开发区的发展起步较早,一方面,长三角地区的开发区无论是在发展质量还是发展速度方面都处于全国领先地位,另一方面,长三角地区开发区发展中遇到的一些问题也可能是前所未有的,具有其独特性,因此,本书的研究也主要聚焦于长三角地区(江浙沪皖三省一市)的开发区。

本书的贡献主要体现在以下几个方面：

第一，本书的研究视角具有创新性。一方面，本书聚焦开发区对外窗口的功能，为开发区出口导向型政策的合理性和有效性提供了理论支撑和来自微观企业层面的经验证据。本书重点关注开发区的出口导向型政策以及集聚经济效应对区内企业出口选择和出口学习效应的影响，从而为以开发区为代表的政府政策的实施效果评价提供了新的视角和证据。另一方面，本书从理论上揭示了开发区内企业的出口选择和出口学习效应，并使用微观企业数据对此进行了实证检验，丰富了异质性企业贸易理论的经验证据。学者们虽然基于全样本或者部分地区样本为异质性企业的出口行为提供了来自中国的经验证据，但是开发区作为促进我国外向型经济发展的主要平台和空间载体，是出口导向型政策更加集中、大量外资和出口企业更加集聚的特定空间，却缺乏足够的对开发区这样一个更加精准、更小尺度的空间单元内的企业出口选择和出口学习效应进行研究的理论和经验证据，本书的研究将为异质性企业贸易理论在突破行政边界的开发区内的适用性提供理论解释和经验证据。

第二，本书为开发区企业的识别和开发区空间范围的界定提供了有益的借鉴。正如上文中所提到的，当前关于开发区的研究对开发区空间范围的界定以及开发区企业的识别方法有四类，前三类方法都无法准确界定开发区边界，也就无法准确识别出开发区内的企业，只有第四类方法最为准确，但是所需要的工作量也最大。众所周知，开发区空间范围的准确界定和开发区企业的精确识别是以开发区为主题的研究的前提和基础。本书主要以第四类方法为基础，根据开发区的四至范围、借助Google地图画出开发区的边界，并通过提取企业的经纬度借助ArcGIS软件将企业上图来识别企业是否位于开发区内，上述方法为开发区的研究奠定了坚实的基础。一方面，这是对现有开发区空间范围界定和开发区企业识别方法的有益补充和完善；另一方面，基于本书的开发区空间范围的界定和开发区企业识别方法的研究也是对已有研究结论的补充和验证。

第三,本书将样本区间延伸至2013年,从而为异质性企业出口行为以及开发区的研究提供更新的经验证据。中国工业企业数据库已经在研究中得到了广泛应用,但是大部分研究仅仅基于1998—2007年的数据,难以保证研究结论的时效性,故本书主要使用1998—2013年(不包括2010年的数据)的中国工业企业数据库。

第三章　开发区政策影响异质性
企业出口行为的理论机制

中国的开发区是由国务院或者地方政府牵头建立的拥有更加完善的制度安排、优惠的政策措施及良好的基础配套设施的空间单元,是政府引导资源在特定区域集中和聚集,从而提高资源配置效率,实现特定的政策和经济目标的重要平台。与非开发区相比,开发区最突出的特点便是更加优惠的政策措施、更加精简高效的制度安排以及大量同类型或者某些特定行业的企业共聚而产生的集聚经济效应。与开发区的其他经济目标相比,开发区成立之初的一项重要任务便是促进我国外向型经济的发展,现实中大量的外资企业和出口企业集聚在开发区内。在这样的背景下,优惠政策和集聚经济在这样一个特定空间单元的交叉必将会作用于企业的出口行为,对企业出口选择和出口学习产生一定的重塑,这也是本书需要探讨的主要问题。本章将围绕开发区的政策效应和集聚经济效应,以异质性企业贸易理论为基础,分析开发区如何影响企业的出口选择行为和出口学习行为。在此基础上,通过拓展 Melitz(2003)及 Melitz 和 Ottaviano(2008)的异质性企业贸易模型,并结合 Defever 和 Riaño(2012)关于出口份额补贴影响企业出口密度的模型,笔者建立开发区影响异质性企业出口选择行为的理论模型,借此阐释开发区对异质性企业出口选择行为的作用机制。

第一节 异质性企业出口行为的解释

在分析开发区政策如何影响异质性企业出口行为之前,本节首先定义什么是异质性企业出口行为。企业的异质性表现在很多方面,以Melitz(2003)为代表的异质性企业贸易理论认为生产率是企业出口选择的重要决定因素,不同生产率的企业存在明显的出口状态差异,以此为基础,本书所关注的企业异质性也主要是指企业生产率的差异。此外,异质性企业贸易理论指出,企业进入出口市场必须支付额外的固定出口市场进入成本和以冰山成本形式表示的可变贸易成本,在这样的假设之下,只有生产率高的企业才可以支付出口市场固定成本,并同时在国内和国外市场的销售中获得正的利润;生产率较低的非出口企业承受利润和市场份额的双重损失,而生产率最低的企业被迫退出市场,即企业在进入出口市场时存在"自我选择"效应,从而导致市场份额和利润在行业内向高生产率的出口企业重新配置,最终提高了整个行业的生产率。上述生产率高的企业进入出口市场的行为也就是本书所关注的异质性企业出口行为之一,即出口选择行为,值得强调的是,由于选择行为是发生在企业出口之前,也可以将其称为出口前的企业选择行为,图3.1的上半部分描述了出口前,存在出口固定成本的条件下,不同生产率企业的出口选择行为。

上文的分析表明企业在进入出口市场之前,由于出口是有成本的,生产率是决定企业是否出口的重要因素,只有高生产率的企业才能选择进入出口市场;另外,企业进入出口市场之后,通过出口学习也会带来生产率的进一步提升。如图3.1所示,当企业从事出口时,能够通过出口学习获得海外市场的知识溢出,学习到先进的技术和经验,从而提高产品质量和管理水平,生产率能够得到进一步提升,本书将此称为出口学习行为。在现实中,我们经常会观察到一些现象,比如出口导向型发展的部分效率主要来源于出口带来的外部性,即买方希望从主要供应商那里获得低成本、高质量的产品,因此买方经常会免费提供产品设计和技术援助以改进

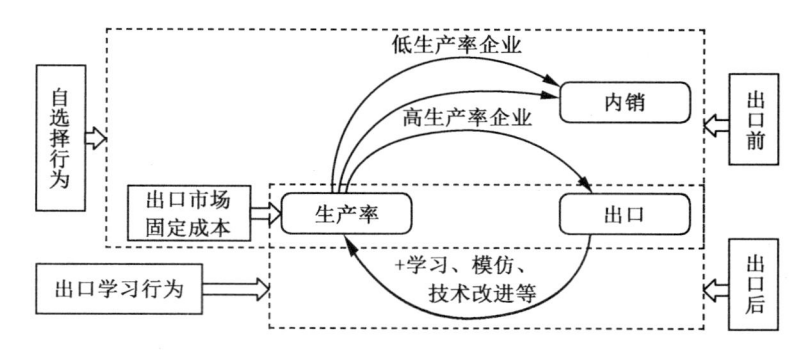

注：本图由作者绘制。图中的"＋"表示促进或提高。

图 3.1　异质性企业出口行为

工艺技术。最早提出出口学习效应并建立理论模型来说明其背后的机制的研究可以追溯到 Clerides 等（1998），该模型详细探讨了出口促进生产率提高的理论机制，即出口学习效应是否存在，在该模型中作者假设企业的生产率依赖于其过去的出口经验，出口学习效应使得企业在进入出口市场之后提升了生产效率。图 3.1 的下半部分描述了出口之后企业如何获得生产率提升的过程，本书将出口促进企业生产率提升的现象称为企业的出口学习效应。

第二节　开发区的政策效应和集聚效应及其影响

上文详细阐述了异质性企业出口行为的具体内容，在分析开发区影响异质性企业出口行为的理论机制之前，本节详细论述什么是开发区效应。具体而言，将开发区的效应分解为政策效应和集聚效应进行系统梳理，在此基础上，分析二者对企业出口选择行为和出口学习行为的影响。

一、开发区政策效应和集聚效应分析

开发区的政策效应主要来源于财政补贴、税收和土地优惠、融资便利以及精简高效灵活的管理模式。此外，开发区不仅是政策高地，同时也是

集聚高地。在开发区设立之初,由于其更加优惠的政策、完善的制度安排和法律保障,吸引了大量的资金和企业进入开发区,在一定程度上可以说企业最初是被"政策租"吸引而入驻开发区(郑江淮等,2008),但是在循环累积因果效应的作用下,同行业或者同一价值链的企业不断在开发区集中。开发区内的企业在享受到更加优惠的政策的同时,也会受到大量同行业或者不同行业企业共聚所产生的溢出效应的影响。

(一)开发区政策效应的来源

开发区的政策效应主要来源于企业入驻开发区能够享受到的一系列优惠措施,比如财政上的补贴、税收上的减免、土地上的优惠和融资上的便利(Wang,2013)。从理论上讲,企业出口面临的最大障碍便是支付各种各样的出口市场固定进入成本,这些成本包括开拓国外市场、搜集出口市场信息、研究外国管制环境、建立新的分销渠道、满足国外市场的产品质量标准以及研究国外消费者差异化的需求等,只有当企业支付了上述沉没成本之后依然能够获取利润的条件下,企业才会选择进入出口市场。而位于开发区的企业可以享受到以下的政策优惠:

一方面,开发区内的企业可以享受财政补贴和税收优惠。比如,"开发区企业被认定之日起,减按15%的税率征收所得税,新办的开发区企业可以在两年内免征所得税,开发区内的内资企业以自筹资金新建技术开发和生产经营用房,按国家产业政策确定免征建筑税等"[①]"经济特区和经济技术开发区的外商投资企业凡当年企业出口产品产值达到当年企业产品产值70%以上的减按10%的税率缴纳企业所得税""产品出口企业和先进技术企业,除按照国家规定支付或者提取中方职工劳动保险、福利费用和住房补助基金外,免缴国家对职工的各项补贴",高新技术开发区内的"高新技术企业生产的出口产品,除国家限制出口或者另有规定的产品以外,都免征出口关税"[②]。上述税收优惠和财政补贴政策能够显著

[①] 《国务院关于批准国家高新技术产业开发区和有关政策规定的通知》(国发〔1991〕12号)。

[②] 《关于鼓励外商投资的规定》(国发〔1986〕第95号)。

降低企业的生产经营成本和出口市场进入成本,有利于其投资于技术改进升级、产品质量提升以及培训劳动力等,从而有助于提高企业在出口市场中的竞争力,使得企业更容易进入出口市场。吴敏和黄玖立(2012)基于2002年的数据研究了开发区的优惠政策对地区企业出口的影响,发现开发区显著促进了区内企业出口的二元边际。类似的,陈钊和熊瑞祥(2015)专门研究了出口加工区的出口优惠政策对企业出口的影响,发现出口加工区的出口鼓励政策使得受扶持行业内企业的出口额显著提高约11%。

另一方面,开发区内的企业可以享受土地优惠政策和融资便利。比如温州经济技术开发区对"开发区的国有土地使用权出让地价,按投资规模和资金到位情况每亩可下浮1万~5万元,经省、市科委认定的高科技项目,地价可下浮3万~6万元",这些优惠政策降低了企业在土地要素投入方面的固定成本。此外,开发区内的企业还可以享受更加便利的信贷支持,比如,"符合条件的国家级经济技术开发区内的企业可以通过资本市场扩大直接融资",开发区内的企业贷款条件也相对灵活,企业可以使用现汇或固定资产向银行抵押申请贷款,而且出口和高新技术企业享有优先获得贷款的权利。由于中国融资环境有待提高,企业普遍面临着比较严重的融资约束,世界银行组织的世界商业环境调查(WBES)以及投资环境评估调查(ICAs)显示,中国75%的企业存在融资障碍,66.9%的贷款需要抵押,贷款抵押额占到了贷款总额的80.8%(Claessens and Tzioumis,2006)。Manova(2008)的研究指出,融资约束不仅会影响潜在出口企业进入出口市场,而且会降低在位出口企业的出口额。而开发区内良好的融资环境增加了企业的融资渠道,降低了企业的融资成本,为企业开拓国外市场、搜集出口市场信息、建立新的分销渠道、支付出口运输成本、满足国外消费者的需求以及进行研发投资和技术升级等固定投资提供了资金支持和保障,从而提高了企业进入国外市场的概率。Chaney(2005)在Melitz(2003)的异质性企业贸易模型中引入了融资约束,发现当企业具有较高的流动性、面临较少的融资约束时,更容易解决进入出口市场所必须支付的沉没成本问题,从而提高了企业进入出口市场的可能性。

此外,开发区更加精简、高效和灵活的管理模式大幅降低了企业的交易成本。中国的开发区在设立之初的重要职能之一便是进行政府机构改革试点,探索精简高效的政府管理模式(郭小碚和张伯旭,2007;阮青,2010)。中国开发区的管理模式大致可以分为三种:(1)管委会模式,管委会作为当地政府的派出机构,相对于行政区具有更加精简的管理体制和一定的审批权限,其职能主要是负责开发区的规划和管理以及直接为区内企业提供服务,这种模式在开发区设立之初比较常见。(2)管委会开发区公司模式,其中管委会作为政府派出机构行使管理和审批权,开发区公司负责开发区运营,也有开发区单纯以开发区公司作为唯一的管理机构。开发区公司同时承担了一定的政府职能和开发区的经营职责,比如漕河泾开发区的开发、建设、经营、管理和服务均由上海漕河泾新兴技术开发区发展总公司负责。[1] (3)政区合一模式,随着开发区的发展与城市发展的不断融合,开发区由单纯的经济功能区逐渐融入了更多行政区的社会管理功能,很多开发区逐渐探索实行了政区合一的模式,即对开发区与其所在地或者临近地的行政区实行政区合一的管理体制,实现开发区与行政区的职能、机构以及功能整合,行政效率进一步提高。上述三种类型的管理模式是在开发区发展的不同阶段,为了更好地满足开发区的经济社会发展需要而设置的,大力精简了对企业的管理和审批程序。比如实施"负面清单"的管理模式,建立项目代办、模拟审批、多证联办、绿色通道等一系列快速审批机制,为企业提供高效的服务[2],提高了服务效率,降低了企业的交易成本,使得企业更加专注于自身的生产和经营活动。赵晓雷等(2011)通过实证研究发现中国开发区精简高效的管理体制,尤其是

---

[1] 详见漕河泾开发区官网(http://www.caohejing.com),2019年10月5日。
[2] 资料来源:各类开发区的官网对企业能够享受到的政府服务都有明确的规定,如嘉兴经济技术开发区(http://www.jxedz.gov.cn)、温州经济技术开发区(http://www.wetdz.gov.cn)。

政区合一的管理模式,显著改善了开发区的经济发展绩效。

(二)开发区集聚效应的来源

开发区与非开发区的区别之一便是开发区在一个更小的特定空间单元里集聚了更多的企业,从而使得同类型、同行业或者同一产业链、价值链的企业形成共聚。开发区内的企业可以同时享受到专业化生产带来的规模经济、大量出口和外资企业共聚所带来的示范效应以及行业间的知识溢出效应,与集聚经济的微观基础——共享、匹配和学习相对应,这里也主要从这三个方面分析开发区集聚效应的来源。

第一,开发区内的企业更容易通过大规模生产导致的分工细化、收益的共享实现规模经济。与城市、县、乡镇等其他空间单元相比,开发区的面积更小,长三角地区国家级开发区的平均面积仅有 9.58 平方公里,省级开发区为 7.05 平方公里,远远小于其所在区县甚至乡镇的面积,但是从企业的分布密度上看,开发区内企业的集聚度远高于开发区外的地区。同时与城市等更加多样化的产业结构相比,开发区往往以单一的或者少数的行业作为主导产业,企业之间更容易形成基于产业链或者价值链的分工,从而更容易使得企业通过专业化的生产实现规模经济。不管是国家级开发区还是省级开发区,在批准之初就已经确定了主导产业,根据《中国开发区审核公告目录》(2006 年、2018 年版),开发区的主导产业往往只集中在某个或者某几个行业,比如闵行经济技术开发区的主导产业为装备制造、机电和医药,苏州工业园区的主导产业为电子信息、生物医药和纳米技术,昆山高新技术产业开发区为电子信息、机器人和装备制造业的集聚区。此外,劳动力池的共享显著降低了企业在劳动力市场上的搜寻和匹配成本,同类型企业的地理集聚使得企业在共享中间投入品的同时也有利于形成专业化的供应商。总之,这种同类型或者同行业上下游企业的集聚可以通过中间投入品、劳动力市场的共享显著降低企业的生产经营成本,使得单个企业通过专业化生产更容易实现规模经济。

第二,开发区集聚经济能够提高潜在出口企业与国外客户的匹配效率。这主要是因为开发区内大量出口和外资企业的集聚对潜在出口企业产生了显著的示范效应,通过企业之间关于出口市场信息的交流和学习能够促进企业更快地建立国外市场销售渠道,也会促进出口经销商、货物代理商等机构的建立(孙楚仁等,2015),提高企业和国外市场潜在客户的匹配效率。开发区作为我国外向型经济发展的重要载体,更容易吸引外资企业和出口企业在开发区内集聚。开发区与非开发区的另一个重要区别便是,开发区在更小的空间范围内集聚了更多的外资企业和出口企业。本书第四章的数据分析显示(参见表4.2和表4.5),平均来看,长三角地区开发区内无论是出口企业占比还是外资企业占比均显著高于开发区外。外资的大量涌入以及外资企业和出口企业的空间集聚,会对我国本土企业以及其他潜在出口企业的出口起到明显的示范作用,实证研究发现,外资进入引致的地理集聚与行业集中,不仅提高了其本身的出口倾向度,同时还通过出口示范、市场竞争以及产业关联等作用促进了中国内资企业的出口倾向(包群等,2012)。同时,外资企业尤其是大量从事出口的外资企业的集聚,可以对非出口企业产生国外市场信息、消费者偏好等方面的信息溢出,从而提高潜在出口企业匹配出口市场需求的效率。

第三,开发区集聚经济使得区内的企业更容易通过企业间的知识溢出获得学习效应。同类型企业的共聚(尤其是出口企业的集聚)使得企业之间通过学习、模仿、市场信息与网络共享等渠道形成了显著的外溢效应(Greenaway et al.,2004;Kneller and Pisu,2007)。正如前文所述,开发区不仅吸引了同类型或者同行业的企业集聚,同时由于开发区的主导产业往往集中在2～3个细分行业,因此企业位于开发区时也可以享受到不同行业间的知识溢出。学者的研究发现,产业集聚或者企业的地理集聚有助于促进企业之间知识、技术溢出(Lovely et al.,2005),尤其是不同行业企业的地理集中、经济活动的空间集聚能够促进企业之间的交流和信息共享等(Krautheim,2007)。一方面,开发区内企业间的溢出效应本身就能够通过提高管理水平、模仿和改进技术以及促进创新等方式提高企业生产效率。另一方面,产业集聚使得竞争加剧,也迫使企业通过出口寻求更大的市场,大量实证研究表明产业集聚和空间集聚都有助于促进企业出口(文东伟和冼国明,2014;佟家栋和刘竹青,2014;张国峰等,2016)。

二、开发区政策和集聚效应对企业出口行为的影响

开发区的优惠政策和集聚经济不仅会在企业出口前影响企业的出口选择行为,同时也会作用于企业出口之后的学习效应。具体而言,开发区对企业的出口学习存在积极和消极两方面的影响,就积极效应而言,开发区的优惠政策和集聚效应都有助于降低企业的出口市场固定成本,从而降低企业出口的生产率门槛,提高企业出口的可能性;就消极效应而言,优惠政策容易使得企业产生政策依赖以及寻租活动,集聚带来的企业间的信息共享、知识溢出等使得开发区内的企业即使不出口也能获得出口溢出,从而削弱了企业的出口学习效应。

(一)开发区对企业出口选择行为的影响

首先分析开发区政策对企业出口选择行为的影响。开发区的优惠、补贴、管理体制创新以及融资便利政策会有效降低企业的经营压力,增强企业资金流转及开展各项业务的能力。多项研究都表明了融资便利和政府补贴以及基础设施是促进企业出口的重要因素(于洪霞等,2011;阳佳余,2012;苏振东等,2012;盛丹等,2011),Melitz(2003)的异质性企业贸易模型中生产率之所以会成为决定企业出口的重要因素,主要是因为只有高生产率的企业才可以支付较高的出口市场进入成本。然而,对开发区企业而言,区内的各项优惠政策、财政补贴和信贷支持均有助于降低出口市场进入成本,从而使得生产率对企业出口的决定性作用会有所减弱,即使低生产率的企业也能够借助开发区内的各种便利条件而降低对外贸易的各种成本和费用。此外,开发区一般会对出口企业(特别是高出口密集度的企业)有额外的补贴、关税以及所得税优惠(刘晴等,2017),使得出口的收益增加而成本减少,在同等条件下,出口市场相对国内市场有更大的吸引力,生产率较低的企业会更加偏好于出口而不是内销。图3.2描述了开发区的政策效应对企业出口选择行为的影响。

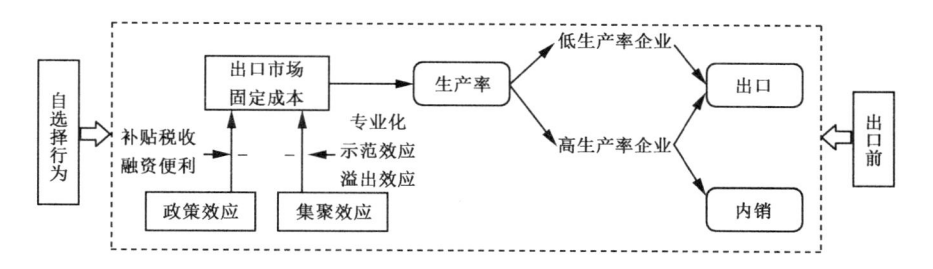

注:图中的"－"表示降低或抑制。
资料来源:作者绘制。

图 3.2　开发区对企业出口选择行为的影响

接下来分析开发区的集聚效应对企业出口选择行为的影响。开发区一方面作为大量同类型企业的集聚地,可以通过中间投入品、劳动力市场的共享以及企业互相之间的学习显著降低企业的生产经营成本;另一方面开发区作为对外开放的平台,集聚了大量外资和出口企业,形成了明显的示范效应并对非出口企业产生国外市场信息、消费者偏好等方面的显著的溢出效应(邱斌和周荣军,2011;赵婷和金祥荣,2011;Yang and He,2014),此外,产业集聚或者企业的地理集聚有助于促进企业之间知识、技术溢出从而提高企业的技术水平。上述这些方面都有助于降低区内企业的生产成本和交易成本,从而使得企业有更大的经营空间来开拓海外市场。企业进入出口市场面临着信息搜寻、市场开拓、广告投入、与国外政府机构建立关系等方面的成本,开发区内企业间形成的显著的出口溢出效应,产生的知识和信息溢出可以有效降低企业出口的信息搜寻成本、渠道建立成本和相关试错成本,进一步降低企业进入出口市场的生产率门槛,从而提高低生产率企业进入出口市场的可能性。

(二)开发区对企业出口学习行为的影响

首先分析开发区政策对企业出口学习行为的影响。除了进入出口市场的选择效应,企业出口学习效应也有可能受到开发区政策的影响。一方面,出口使得企业可以更容易地从国外市场学习到更多先进的技术和经验,另一方面,国际市场更加多样化的消费者需求以及更为激烈的竞争环境也会迫使出口企业不断改进生产流程和管理制度,进而提高生产率水平。但需要强调的是,出口的这种生产率提升效应是建立在出口企业不断学习、吸收和创新的过程之中,与企业的研发投入和创新强度密切相关(戴觅和余淼杰,2011)。而开发区所具有的一系列优惠措施虽然有助于提高企业出口的机会,但是过多的政府补贴也可能会使企业形成一定的政策依赖,降低企业的竞争意识和学习创新的内在动力,从而使得企业陷入低水平数量型出口的循环而难以真正实现产品质量和高端出口竞争力的提高(施炳展等,2013;张杰和郑文平,2015)。同时高补贴引致的寻租活动也会降低企业在自身发展和创新上的投资和精力(毛其淋和许家云,2015),基于此,开发区政策反而会对企业的创新能力产生一定的负面影响(吴一平和李鲁,2017)。考虑到企业在生产管理上可能存在的创新和发展惰性,开发区内出口的激励带动作用会有所削弱,由出口带来的企业生产率的提升也会受到抑制。综上所述,当企业对开发区的政策过度依赖并因此进行寻租导致企业自身的创新能力较低时,会对企业的出口学习效应产生消极影响。图3.3描述了开发区的政策效应对企业出口学习行为的影响。

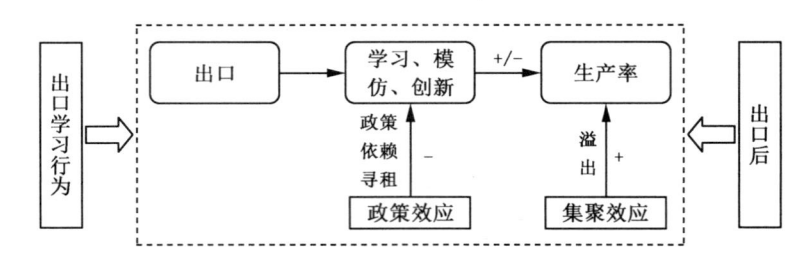

注:图中的"+"表示促进或提高,"-"表示降低或抑制。
图 3.3 开发区对企业出口学习行为的影响

接下来分析开发区的集聚效应对企业出口学习的影响。开发区在更小的空间单元内集聚了更多的企业,地理距离的缩短更有利于加强企业之间面对面的交流和合作,尤其是同类型和同行业企业的共聚本身就可以通过共享、匹配和学习产生一定的溢出效应,带来生产经营成本的降低以及管理水平和生产率的提升;此外,由于开发区内大量外资和出口企业的集聚,非出口企业即使不出口也可以接触到国际市场的信息和溢出效应,因此当非出口企业进入出口市场之后,再通过自身学习所获得的进一步的额外收益就会减少。综上所述,当开发区的集聚效应较高时,会在一定程度上抑制企业通过出口学习所获得的生产率提升。

第三节 开发区影响异质性企业出口选择行为的理论模型

在建立模型之前,首先对模型的基本前提条件做出假定。假设有两个国家,本国和外国,每个国家都有 L_i 个同质的消费者,每人提供 1 单位劳动,并且劳动是唯一的生产要素,劳动供给无弹性,所有国家的工资水平相同,标准化为 1,所有国家消费相同的产品种类。企业出口需要承受一定的沉没成本,如了解国外市场的需求信息、建立国外市场的销售渠道等,面对这些固定投入以及运输、关税等其他的贸易成本,企业在做出进入出口市场的决定之前已知其生产率水平。

一、消费者和生产者行为

消费者行为:代表性消费者的偏好为 CES 效用函数,由下式表示:

$$U=\left[\int_{w\in\Omega}q(w)^{\rho}dw\right]^{1/\rho} \quad P=\left[\int_{w\in\Omega}p(w)^{1-\sigma}dw\right]^{\frac{1}{1-\sigma}} \quad (3.1)$$

其中,$q(w)$ 表示消费者对 w 种类商品的需求量,Ω 代表了消费者可以获得的商品的集合,并且这些商品之间是相互替代的,表明 $0<\rho<1$,两种商品的替代弹性 $\sigma=1/(1-\rho)>1$,P 为整个国家的价格指数。最优化消费者的消费支出决定,可以得到消费者对商品 w 的需求函数:

$$q(w)=Ap(w)^{-\sigma},其中,A=RP^{\sigma-1} \quad (3.2)$$

其中,$R\equiv PQ=\int_{w\in\Omega}r(w)dw$ 表示用于所有差异化产品的总支出。

Q 为总需求，p 为商品 w 的价格，用于差异化产品 w 的支出（销售额）$q(w)$ 可以表示为：

$$r(w) = p(w)q(w) = R\left[\frac{p(w)}{P}\right]^{1-\sigma} = Ap(w)^{1-\sigma} \quad (3.3)$$

生产者行为：每一个企业选择生产不同的商品种类 w，企业的技术由一个不变的边际成本和固定的间接成本的成本函数表示，劳动 l 是产出 q 的函数，$l = f + q/\varphi$，所有企业都有相同的固定生产成本 f。（f 与企业的出口状态无关，也就是说无论出口状态如何，企业都必须承担同样的生产成本 f。）将本国的劳动力作为计价物，将工资水平标准化为 1。企业拥有不同的生产率水平 $\varphi(>0)$，不论生产率水平如何，所有的企业都面临一条拥有不变弹性 σ 的残差需求曲线，并且选择同样的固定成本加成定价。根据边界成本定价规则，得到企业国内市场的均衡价格和企业利润分别为：

$$p(\varphi) = 1/\rho\varphi, \pi(\varphi) = r(\varphi) - l(\varphi) = \frac{r_d(\varphi)}{\sigma} - f \quad (3.4)$$

对于出口企业而言，需要支付 τ 单位的以冰山成本表示的可变贸易成本，即为了使 1 单位的商品到达目的地，需要从出口国运出 $\tau(>1)$ 单位的商品。出口企业在国外市场设定更高的价格以反映增加的边际成本，同时，进入出口市场是有成本的，假设企业进入出口市场的固定投资成本为 $f_x(>0)$。故出口企业的均衡价格、企业利润分别为：

$$p(\varphi) = \tau/\rho\varphi, \pi(\varphi) = \frac{r_x(\varphi)}{\sigma} - f_x \quad (3.5)$$

根据式（3.3）和式（3.4）可知，企业在国内销售和国外销售的收入分别为 $r_d(\varphi) = p_d(\varphi) \cdot q_d(\varphi) = A_d(\rho\varphi)^{\sigma-1}$，$r_x(\varphi) = p_x(\varphi) \cdot q_x(\varphi) = A_x[\tau p(\varphi)]^{1-\sigma} = \tau^{1-\sigma} r_d(\varphi)$，事实上，根据式（3.2），$A_d$ 和 A_x 是相等的，这里只是为了理解的方便而加以区分。$\frac{r_d(\varphi)}{\sigma}$ 为企业的可变利润，每个企业国内销售的利润 $[\pi_d(\varphi)]$ 和出口销售的利润 $[\pi_x(\varphi)]$ 分别为：

$$\pi_d(\varphi) = \frac{r_d(\varphi)}{\sigma} - f = A_d k\varphi_d^{\sigma-1} - f_d \quad (3.6)$$

$$\pi_x(\varphi) = \frac{r_x(\varphi)}{\sigma} - f_x = \frac{\tau^{1-\sigma} r_d(\varphi)}{\sigma} - f_x = \tau^{1-\sigma} \cdot A_x k \varphi_d^{\sigma-1} - f_x \tag{3.7}$$

式(3.6)和式(3.7)中 $k = \frac{1-\rho}{\rho^{1-\sigma}}$。只有当企业出口获得的利润 $\pi_x(\varphi) \geqslant 0$ 时,企业才会进入出口市场。均衡时,对于生产率存在两种临界值,国内市场的零利润条件 $\pi_d(\varphi^*) = 0$ 和出口市场的零利润条件 $\pi_x(\varphi_x^*) = 0$ 分别决定的企业进入国内市场的生产率水平临界值为 φ_d^*,企业进入出口市场的生产率临界值为 $\varphi_x^* (>\varphi_d^*)$。$\varphi_d^*$ 和 φ_x^* 的表达式分别为:

$$\varphi_d^* = \left(\frac{f_d}{R}\right)^{\frac{1}{\sigma-1}} \frac{1}{P\rho(1-\rho)^{\frac{1}{\sigma-1}}} = \left(\frac{f_d}{A_d k}\right)^{\frac{1}{\sigma-1}} \tag{3.8}$$

$$\varphi_x^* = \tau \cdot \left(\frac{f_x}{R}\right)^{\frac{1}{\sigma-1}} \frac{1}{P\rho(1-\rho)^{\frac{1}{\sigma-1}}} = \tau \left(\frac{f_x}{A_x k}\right)^{\frac{1}{\sigma-1}} \tag{3.9}$$

只有生产率 $\varphi \geqslant \varphi_d^*$ 的企业才能在国内市场经营,只有生产率 $\varphi \geqslant \varphi_x^*$ 的企业才能进入出口市场,根据式(3.8)和式(3.9),可以得到国内市场的生产率临界值 φ_d^* 和出口市场的生产率临界值 φ_x^* 之间的关系:

$$\varphi_x^* = \varphi_d^* \tau \left(\frac{f_x}{f_d}\right)^{\frac{1}{\sigma-1}} \tag{3.10}$$

在 Melitz(2003)的模型中,当且仅当 $\tau^{\sigma-1} f_x > f$ 时,不同生产率企业出口状态分布的差异性才会出现,企业进入国内市场的生产率临界值 φ_d^* 小于进入出口市场的生产率临界值 φ_x^*,即高生产率($\varphi \geqslant \varphi_x^*$)的企业进入出口市场,$\varphi_d^* < \varphi < \varphi_x^*$ 的企业仅供给国内市场,而 $\varphi < \varphi_d^*$ 的企业退出市场。

二、开发区与企业出口选择行为

(一)开发区、贸易成本与企业出口选择行为

然而,当企业位于开发区内时,虽然企业进入出口市场也是有成本

的,但是企业能够享受到一系列的优惠措施,比如财政上的补贴、税收上的减免、土地价格上的优惠和融资上的便利(Wang,2013)。这些优惠政策会有效降低企业的贸易成本,同时,开发区内大量企业共聚产生的溢出效应以及外资企业产生的出口示范效应也会节约企业的生产和贸易成本。总之,当企业位于开发区内时,不仅可以节约固定生产成本,还可以节约进入出口市场的成本,假设开发区内的出口企业相较于开发区外的出口企业可以获得 $s_f(0<s_f<1)$ 倍的出口市场进入成本和 s_d 倍的固定生产成本节约,开发区内进入出口市场的固定成本为 $f_x^{sez}=(1-s_f)f_x$,开发区内的固定生产成本为 $f_d^{sez}=(1-s_d)f_d$。因此,开发区内供给国内市场和出口市场企业的利润函数分别为:

$$\pi_d^{sez}(\varphi)=\frac{r_d^{sez}(\varphi)}{\sigma}-f_d^{sez}=A_d k\varphi_d^{sez\sigma-1}-f_d^{sez} \tag{3.11}$$

$$\pi_x^{sez}(\varphi)=\frac{r_x^{sez}(\varphi)}{\sigma}-f_x^{sez}=\frac{(\tau^{sez})^{1-\sigma}r_d(\varphi)}{\sigma}-f_x^{sez}=(\tau^{sez})^{1-\sigma}\cdot A_x k(\varphi_x^{sez})^{\sigma-1}-f_x^{sez} \tag{3.12}$$

同样,分别令式(3.11)和式(3.12)等于 0 可以得到开发区内的企业在国内销售和进入出口市场的临界生产率水平 φ_d^{sez*} 和 φ_x^{sez*}:

$$\varphi_d^{sez*}=\left(\frac{f_d^{sez}}{R}\right)^{\frac{1}{\sigma-1}}\frac{1}{P\rho(1-\rho)^{\frac{1}{\sigma-1}}}=\left(\frac{f_d^{sez}}{A_d k}\right)^{\frac{1}{\sigma-1}}① \tag{3.13}$$

$$\varphi_x^{sez*}=\tau^{sez}\cdot\left(\frac{f_x^{sez}}{R}\right)^{\frac{1}{\sigma-1}}\frac{1}{P\rho(1-\rho)^{\frac{1}{\sigma-1}}}=\left(\frac{f_x^{sez}}{\tau^{1-\sigma}A_x k}\right)^{\frac{1}{\sigma-1}} \tag{3.14}$$

当开发区内的补贴和优惠政策,尤其是针对出口企业的补贴和优惠政策以及大量外资和出口企业集聚使得出口企业获得了更多的出口固定

---

① 需要说明的是,这里可以得到开发区内企业的国内生产的临界生产率小于开发区外的企业国内生产的临界生产率,但是并不表示开发区内企业的生产率低于开发区外的企业生产率,只是表明开发区内的优惠政策使得企业经营的临界生产率降低了,但是开发区内的企业可以享受到的集聚经济效应等均可以显著促进生产率的提高,大量的实证研究已经证明了这一点,本书的文献综述部分对此有详细的论述。

成本节约,从而$\frac{f_d^{sez}}{A_d k} > \frac{f_x^{sez}}{\tau^{1-\sigma} A_x k}$时,很容易得到$\varphi_x^{sez*} < \varphi_d^{sez*}$,对式(3.14)关于$s_f$求导,可以得到$\partial \varphi_x^{sez*}/\partial s_f < 0$,可见,当开发区的优惠政策和集聚效应能够降低企业的出口固定成本时,开发区内企业进入出口市场的生产率临界值也会降低,因此,本书提出假说1:

假说1:当开发区的优惠政策和集聚经济显著降低了区内企业出口的固定成本时,开发区内企业进入出口市场的临界生产率低于进入国内市场的临界生产率,从而使得生产率更低的企业只能进入国外市场。

下面论证$\frac{f_d^{sez}}{A_d k} > \frac{f_x^{sez}}{\tau^{1-\sigma} A_x k}$的假设在开发区内是很容易产生的,正如前文所述,开发区的尤其是针对出口的补贴和优惠政策会直接降低企业的出口固定成本f_x^{sez},除了政策推动,开发区的另一项重要功能便是促进集聚经济,开发区主要通过建立集聚区或者吸引技术先进的工业设施来实现集聚经济(Wang,2013;王永进和张国峰,2016)。大量的研究发现,集聚经济是影响企业出口决定的重要因素,信息共享、示范效应以及技术溢出等外部经济作用可以提高企业出口的概率和企业出口的比重(陈旭等,2016),尤其是临近其他具有相同出口目的地的出口企业可以通过交易成本分担、信息共享等降低企业的出口固定成本(Koenig,2009)。开发区作为对外开放的平台,集中了大量的出口企业,能够形成显著的出口溢出效应(邱斌和周荣军,2011;赵婷和金祥荣,2011;Yang and He,2014),产生的知识和信息溢出可以减少企业出口的信息搜寻成本、渠道建立成本和相关试错成本,进一步降低企业进入出口市场的成本。

(二)开发区、可变成本与企业出口选择行为

上文论述了当开发区的政策效应和集聚效应能够降低企业的固定成本时所产生的企业出口选择行为,开发区内国内市场进入的临界生产率大于出口临界生产率使得一些低生产率的企业进入了出口市场,从而拉低了开发区内整个出口部门的平均生产率水平。值得强调的是,开发区

不仅会对企业的固定成本产生影响,开发区的补贴、集聚溢出效应等也会对企业的可变成本产生影响,比如,开发区一般会对出口企业(特别是高出口密集度企业)有额外的补贴及关税和所得税优惠(吴敏和黄玖立,2012;刘晴等,2017)。《国家高新技术产业开发区税收政策的规定》(国税函〔1991〕663号)规定"开发区企业从被认定之日起,减按15%的税率征收所得税,开发区企业出口产品的产值达到当年总产值70%以上的,经税务机关核定,减按10%的税率征收所得税"。此外,我国的开发区类型较多,不同类型的开发区政策环境和经济目标存在很大差异。比如出口加工区是专门以出口为导向从事来料加工、制造和装配等的特殊经济区域,这类开发区内的企业往往处在价值链的低端环节,因此政府的优惠政策等对其可变利润的补贴是其得以维系经营生产的重要来源。本部分分析当开发区能够降低企业的可变成本从而影响其可变利润时企业的出口选择行为。

令开发区企业的固定成本为 $f_{sez}=f_d^{sez}+f_s^{sez}$,既包括企业的固定生产成本,也包括企业的固定出口成本,同时当企业位于开发区内时,可以获得从价补贴 s_r,则开发区企业的联合利润函数为:

$$\pi_{sez}(\varphi)=(1+s_r)k\varphi^{\sigma-1}(A_d-\tau'^{1-\sigma}\cdot A_x)-f_{sez} \quad (3.15)$$

从价补贴虽然会扭曲企业的出口行为,使得其偏离最优的出口选择,但是从价补贴也能够使企业获得与其他按照最优出口选择经营的企业同样的利润水平。令式(3.15)等于式(3.12),得到纯出口企业的临界生产率水平为:

$$\varphi_x^{new*}=\left[\frac{f_{sez}-f'_x}{(1+s_r)k(A_d-\tau'^{1-\sigma}\cdot A_x)-\tau'^{1-\sigma}\cdot A_xk}\right]^{\frac{1}{\sigma-1}} \quad (3.16)$$

令(3.15)式等于0,得到从价补贴条件下企业利润为零的生产率为:

$$\varphi_{sez}^{new*}=\left[\frac{f_{sez}}{(1+s_r)k(A_d-\tau'^{1-\sigma}\cdot A_x)}\right]^{\frac{1}{\sigma-1}} \quad (3.17)$$

可以证明 $\varphi_x^{new*}>\varphi_{sez}^{new*}$,可见,当开发区对企业进行从价补贴时,进一步降低了企业进入出口市场的临界生产率水平,而且从价补贴的份额和企业出口的临界生产率水平正相关。由于不同开发区的出口促进政策因开发区性质的不同而有一定的区别,考虑到出口加工区的企业完全是以出口为导向的,因此具有更加优惠的更有针对性的出口促进政策,因此根据上述分析,提出假说2:

假说2:出口加工区的企业出口的临界生产率水平低于其他类型开发区内的出口零利润生产率水平。

第四节 本章小结

本章主要从理论上分析了开发区影响企业出口行为的作用机制并以此为基础提出了本书的研究假说。首先,本书就什么是异质性企业出口行为及其背后的理论机制进行了梳理。本书所关注的企业出口行为主要包括企业的出口选择行为和出口学习行为,前者主要以 Melitz(2003)的异质性企业贸易理论为基础,该理论认为出口市场进入成本的存在,使得只有生产率高的企业才能进入出口市场,并将此称为企业出口的选择效应。而提出出口学习效应的学者(Clerides et al. ,1998;Salomon,2005;Crespi et al. ,2008)指出,企业进入出口市场可以通过向客户、消费者学习获得海外市场的知识溢出效应,学习到先进的技术和经验,从而提高产品质量和管理水平并刺激企业的创新活动,最终使得生产率得到进一步的提升,出口促进生产率提升的现象也被学者们称为出口学习效应。以此为基础,开发区对企业出口行为的影响主要源自区内各种优惠政策叠加产生的政策效应以及大量企业入驻开发区产生的集聚效应。就企业出口选择行为而言,企业享受到的各类优惠政策能够显著地对企业的出口固定成本和可变成本进行补偿,与此同时,大量企业集聚产生的溢出效应能够降低企业进入出口市场的搜寻成本、匹配成本以及试错成本,两类效应叠加显著降低了开发区内企业出口的市场进入成本,从而降低了企业进入出口市场的临界生产率水平,使得低生产率的企业也能够进入出口市场。就企业出口的学习效应而言,优惠政策的扶持容易使得企业产生依赖而失去创新的动力,同时集聚效应使得企业不出口也能够接触到国际市场的信息,两种效应的共同作用限制了企业通过出口获得的生产率提升。在此基础上,本章以异质性企业贸易理论为基础,通过拓展 Melitz(2003)及 Melitz 和 Ottaviano(2008)的异质性企业贸易模型,并结合 Defever 和 Riaño(2012)关于出口份额补贴影响企业出口密度的模型,建立了开发区影响企业出口选择行为的理论模型,借此阐释开发区对企业出口选择行为的作用机制。

第四章　长三角地区开发区发展现状与企业基本特征

　　长三角地区的开发区地处我国沿海地区,具有明显的区位优势。由于发展起步较早,经过不断的探索,长三角地区的开发区无论是在发展质量还是发展速度方面都处于全国领先的地位。在 1984 年我国首批设立的 14 家国家级开发区中,有 3 家位于长三角地区,作为开发区发展的先行区,长三角地区在开发区发展方面积累了大量可复制推广的经验。从开发区的数量方面来看,长三角地区的开发区占到了全国总量的 18.3%(2018 年),其中长三角地区开发区的出口额占到了整个地区的 26.9%(2013 年),可以说长三角地区的开发区是中国开发区的典型代表,能够更好地反映中国开发区的发展经验。鉴于本书的研究主题,对开发区的界定和区内企业的识别是本书的研究基础,因此,本部分首先介绍基于 GIS 的开发区界定以及对开发区内企业的识别方法。在此基础上,对长三角地区开发区的空间分布、发展阶段、优惠政策以及开发区内外制造业企业的集聚特征和异质性企业的出口特征等进行梳理和总结。总体来看,长三角地区开发区在数量上的扩张具有阶段性特征,开发区作为政策高地,政策的优惠程度也是其与非开发区以及不同等级开发区之间的重要差别,本部分主要梳理和比较国家级开发区以及省级开发区的优惠政策。此外,长三角地区开发区设立的地理推进也在一定程度上与我国区域发展战略的演进相一致,本部分主要借助 ArcGIS 软件对不同类型开发区的空间分布特征及其开发区内企业集聚情况进行分析。此外,以

1998—2013年(不包括2010年)中国工业企业数据库的制造业企业数据为基础,分析制造业企业在长三角地区的空间集聚特征,并对开发区内外异质性企业的出口特征进行描述性对比分析。

第一节 基于GIS的开发区界定和区内企业识别

开发区的科学界定和开发区企业的准确识别是本书的研究基础,本节将详细介绍本书对开发区的界定方法以及区内企业的识别方法。具体来说,就开发区的界定而言,本书主要是依据开发区的四至范围使用Google地图画出开发区的边界,在此基础上,形成长三角地区所有省级和国家级开发区的底图。就开发区内企业的识别而言,本书首先根据中国工业企业数据库中企业的地址信息,提取其经纬度,并将企业上图来识别企业是否位于开发区内。

一、开发区空间范围界定

本书主要研究长三角地区(江、浙、沪、皖)2013年及以前成立的所有省级开发区和国家级开发区,共计433家,其中省级开发区323家,国家级开发区110家(包括国家级经济技术开发区、高新技术产业开发区、出口加工区和保税区)。就目前而言,我国数量众多的开发区并没有现成的空间分布地图可供研究人员使用,因此,需要作者自己搜寻开发区的边界信息并将其上图。

图4.1为使用ArcGIS软件得到的长三角地区所有省级开发区、国家级开发区以及省级升级为国家级的开发区在41个地级市的空间分布以及演进。我们发现,总体来看国家级开发区的起步较早,但是到了2000年,省级开发区在数量上超越了国家级开发区,到了2013年,省级开发区的空间分布呈现出了遍地开花的态势,而国家级开发区的分布较为集中。

下面主要介绍开发区地图的制作方法。第一步,搜索开发区的边界信息,对于开发区的边界信息,本书主要参考中华人民共和国自然资源部

第四章 长三角地区开发区发展现状与企业基本特征 067

1990年

2000年

2006年

2013年

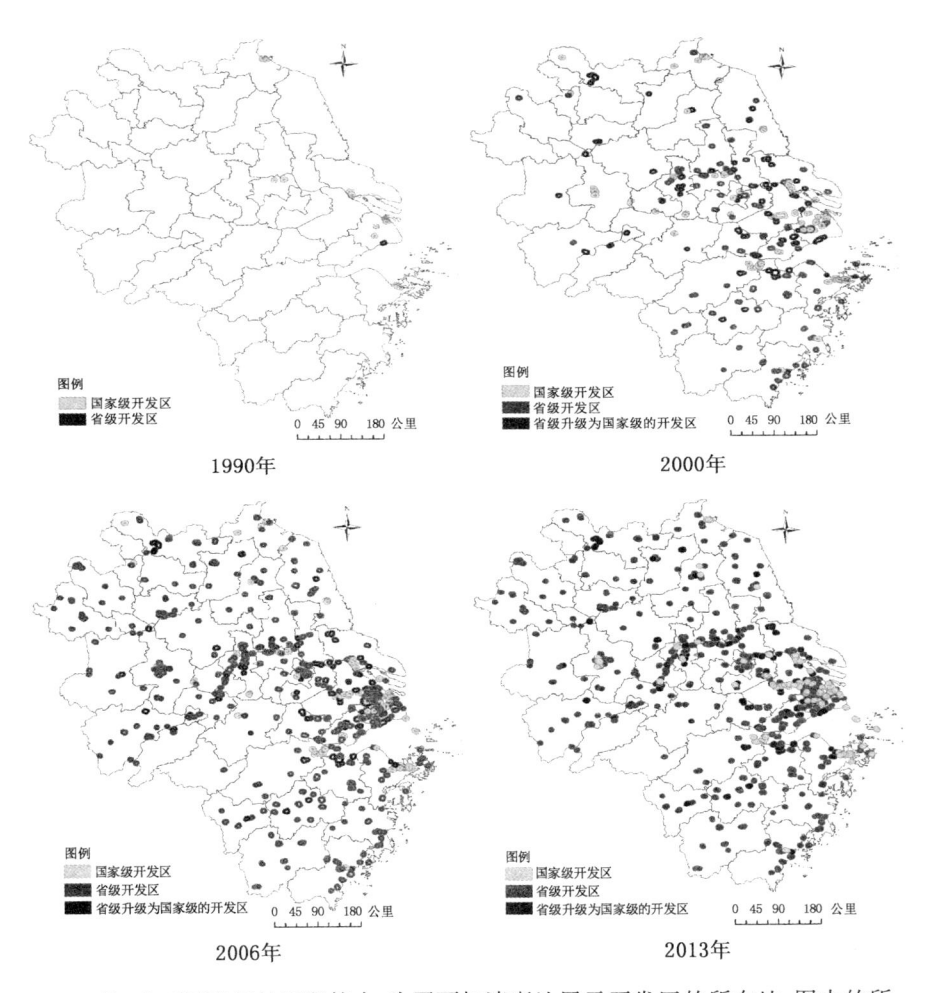

注：由于开发区的面积较小，为了更加清晰地展示开发区的所在地，图中的所有开发区外围均增加了5公里的缓冲区。

资料来源：作者绘制。

图 4.1 长三角地区开发区空间演进

公布的《中国开发区四至范围公告目录(2006/2018)》(以下简称《目录》)，《目录》中包含了开发区的代码、开发区名称、国务院批复面积(公顷)以及开发区四至范围等信息。以《目录》中的"虹桥经济技术开发区"为例，其四至范围为"东至中山西路，西至古北路，北至仙霞路，南至虹桥路"，同样,"昆山经济技术开发区"的四至范围为"东至金沙江路西侧,南至沪宁铁路,西至青阳港、前进东路、青阳北路,北至太仓塘"。第二步,开发区制图,根据开发区边界信息借助 Google 地图的地图开发功能,再参考自然资源部官网[①]上公布的"中国开发区各区块边界形状图"以及各个开发区官网上有关开发区位置边界的形状图[②],便能够在地图中确定开发区的边界,准确界定开发区的空间范围。最终将所有开发区上图完成后,便可以导出开发区的底图,并利用 ArcGIS 软件进行后续分析。

二、开发区内的企业识别

本书主要使用的数据为《中国工业企业数据库》中的制造业企业数据,但是该数据库并没有企业是否位于开发区的信息,这就需要作者自己构建。在获得了开发区的边界及其空间分布的地图之后,对于开发区企业的识别需要根据企业的经纬度信息将企业上图,如果企业落在开发区的空间范围内,则为开发区企业,否则为非开发区企业,当然本书在识别开发区企业时还考虑到了开发区成立的时间。具体而言,本书对于开发区企业的识别主要借助 ArcGIS 软件实现,在界定了开发区边界、绘制了开发区空间分布的底图的基础上,需要进一步确定企业是否位于开发区内,对此最好的做法是将企业根据其经纬度信息上图,然后通过 ArcGIS 软件的筛选功能识别出开发区的企业。因此,首先需要提取企业的经纬度,本书使用 Stata 软件中的 chinagcode 命令,根据《中国工业企业数据库》中企业的地址信息(企业的地址信息变量包括行政区划代码、邮政编码、省市县、乡镇、村街门牌号、居委会、街道办事处等)以及企业名称(企业名称中也包含了企业的地址信息)提取企业的经纬度,比如样本中的"常熟华东汽车有限公司"的地址信息为"常熟市虞山北路 258 号",据此便可以精确地提取其经纬度信息,然后在 ArcGIS 软件中根据企业的经

---

① 中华人民共和国自然资源部网站:http://www.mnr.gov.cn,2018 年 5 月 10 日。

② 并不是所有的开发区都有相应的网站,也并不是所有的开发区都会在官网上公布其边界形状图。

纬度将企业上图,并与前面使用 Google 地图获得的开发区的底图叠加,使用 ArcGIS 软件的筛选功能来确定企业是否位于开发区内。值得强调的是,本书在识别开发区的时候考虑了开发区设立的时间,而目前大部分研究中并没有考虑,或者说大部分研究界定开发区(企业)的方法使得其没有办法做到这一点,比如当通过企业地址信息中是否含有开发区及相

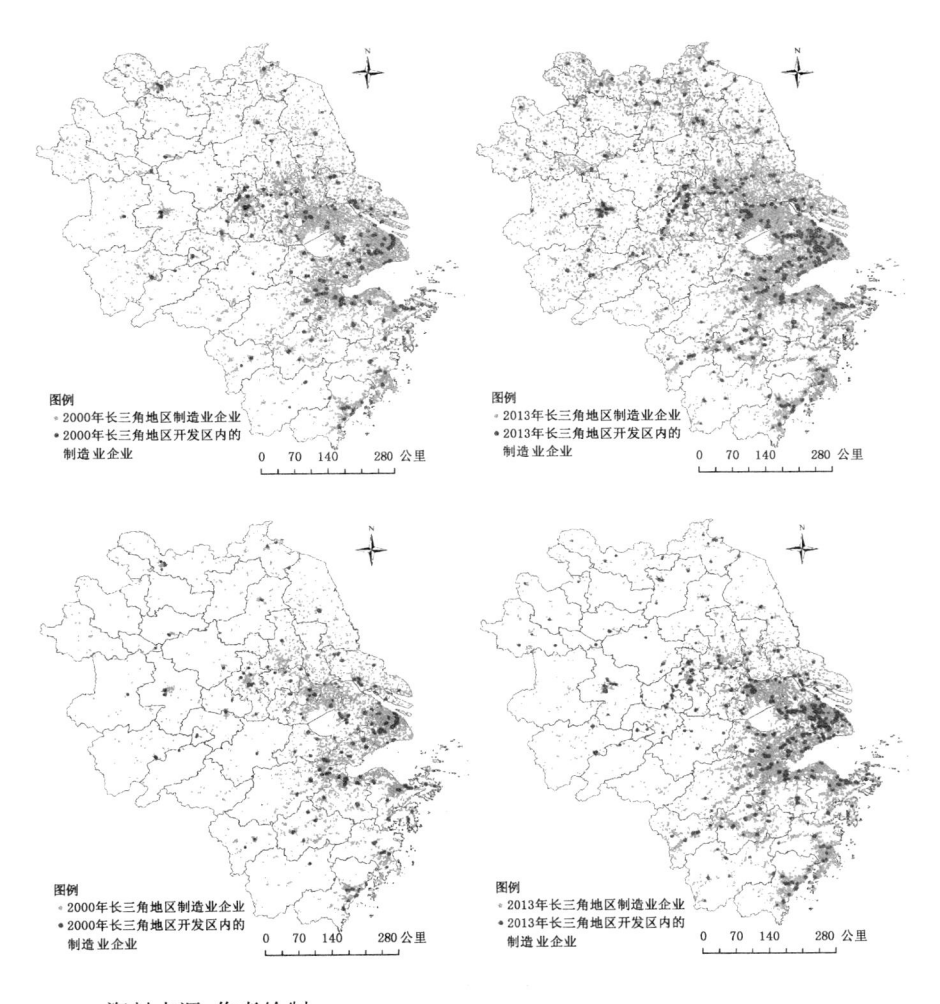

资料来源:作者绘制。

图 4.2　长三角地区制造业企业的空间分布

似字段来识别企业是否位于开发区时,并不能区分企业是在开发区成立之前还是成立之后进入开发区。此外,本书详细区分了开发区的类型,包括国家级经济技术开发区、国家级高新技术产业开发区、出口加工区、保税区以及省级开发区,这有助于本书在实证研究中区分不同类型开发区的作用效果。在此基础上,本书对于开发区企业的识别如下:如果第 n 年 ($n=1998,\cdots,2013$) 企业位于第 n 年及以前成立的开发区内则为开发区企业,否则为非开发区企业。图 4.2 为借助 ArcGIS 软件根据企业的经纬度将企业上图之后得到的企业在空间的分布和集聚现状,以及企业在开发区内外的分布和集聚情况。

第二节 长三角地区开发区的空间集聚及其发展阶段

在分析开发区政策对异质性企业出口行为的影响之前,本节比较分析了开发区在不同地区的分布、集聚特征及其发展阶段,从而对长三角地区开发区的发展现状和主要特点形成更加直观的认识。

一、开发区的空间分布和集聚特征

中国的开发区按照行政级别可以分为省级开发区和国家级开发区,二者在起步时间、数量、发展质量等方面均存在显著的差异,因此有必要对二者进行对比分析。本部分分别就长三角地区省级开发区和国家级开发区的空间分布和集聚特征进行描述性分析。

(一)省级开发区的空间分布和集聚特征

省级开发区是指由省(自治区、直辖市)人民政府批准设立的开发区。根据《中国开发区审核公告目录(2018)》,截至 2018 年,全国共有省级开发区 1 991 家,其中长三角地区 320 家,占到了全国总量的 16%。此外,长三角地区开发区的总规划面积为 2 256.1 平方公里,单个开发区的平均面积为 7.05 平方公里。

截至 2017 年,长三角地区省级开发区的数量和总规划面积均远远超过了国家级开发区。此外，值得一提的是，省级开发区对国家级开发区在数量上的超越发生在1993年，在此之前，长三角地区只有3家省级开发区，但是进入1993年之后，省级开发区的数量急剧扩张，速度远远领先于国家级开发区。正如前文所述，不同于国家级开发区，省级开发区的批准和审批权限属于地方政府，且国家级开发区的准入门槛较高。在这样的背景下，通过复制国家级开发区成功模式而争相设立省级开发区成为地方政府促进当地经济发展的重要手段，可以说，省级开发区的扩张式发展在一定程度上也反映了地方政府竞争的结果。

长三角地区省级开发区的空间分布密度达到了每万平方公里8.9个，是全国平均水平的4.5倍左右。从省级开发区在不同省份的空间分布来看，如图4.3所示，截至2017年，上海、江苏、浙江以及安徽省的省级开发区数量分别为39家、103家、82家以及96家。从开发区演进的历程来看，上海是三省一市中最早设立省级开发区的地区，早在1984年，上海就成立了上海星火工业园区，直到1992年浙江省才首次成立了两家省级开发区（浙江淳安经济开发区和浙江舟山经济开发区），1993年安徽省才设立了第一家省级开发区（安徽亳州经济开发区），也是在同一年，江苏省批准设立了24家省级开发区。此外，虽然上海市省级开发区的发展相较于其他三省起步较早，发展速度却相对缓慢，早在1984年上海就率先成立了第一家省级开发区，但是直到1994年都没有设立新的省级开发区。从1993年开始，浙江和江苏省级开发区的数量迅速增长，但是，截至2005年，上海仅有6家省级开发区。从2003年至2006年，三省一市的开发区数量均保持不变，这主要是因为在这期间国家对开发区尤其是省级开发区进行了清理整顿。从2006年开始，经过了长达3年的清理整顿之后，开发区的设立进入规范化阶段，三省一市的省级开发区数量出现了跳跃式增加。具体而言，上海市的省级开发区数量由2005年的6家变为2006年的22家，浙江省由42家变为78家，江苏省由36家变为71家，安徽省由10家变为79家，安徽省在数量上实现了对其他三地的超越，成为长三角地区省级开发区数量最多的地区。而且这种领先优势一直保持到2016年，在这一年江苏省新成立了15家省级开发区,超越安徽省,成为长三角地区省级开发区数量最多的省份,截至2017年,江苏省依然是长三角地区拥有最多省级开发区的省份,安徽次之,浙江居第三,上海市居第四。从上述过程中我们发现,三省一市的开发区数量存在不断互相超越的现象,这在一定程度上说明开发区作为地方经济发展的平台和抓手,是地方政府吸引要素流入形成集聚经济的重要手段,各地争相设立开发区从而导致开发区遍地开花的现象从根本上反映了中国政治锦标赛式的地方政府竞争状态。此外,从长三角地区开发区在不同城市的空间分布来看,长三角地区41个地级市平均拥有3家及以上的省级开发区,其中,经济越是发达的城市,拥有的省级开发区数量越多,比如,上海作为长三角地区的核心城市,有39家省级开发区,南京有12家,台州、金华、盐城、南通、徐州有11家,合肥有10家,宿迁和铜陵有3家,其他城市省级开发区的数量都在3~10家。

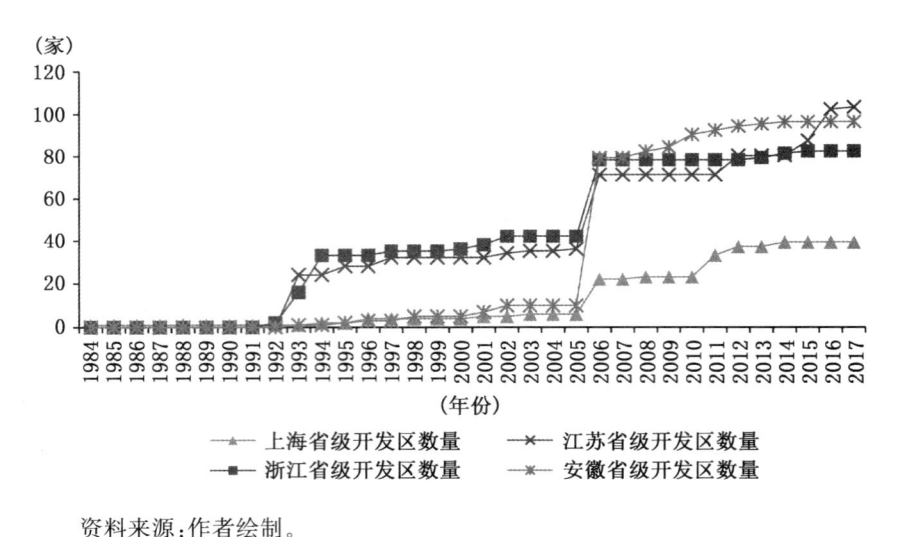

资料来源:作者绘制。

图 4.3　长三角地区不同省份省级开发区数量演进

此外,就省级开发区的空间分布而言,如图4.1所示,长三角地区省级开发区的空间分布呈现出明显的阶段性特征,从区位上来看,省级开发区最先设立于沿海沿江城市以及重要的省会城市,随后逐渐向内陆其他城市扩散;从空间集聚特征来看,整个长三角地区的省级开发区呈现出越来越均匀分布的态势,但特别值得注意的是,以长江为轴,开发区呈现出了扎堆分布的特征,同时,在上海与南京、上海与杭州、合肥与南京、杭州与宁波等省会城市及重要港口城市以及上述城市之间省级开发区的分布密度远远高于其他地区。这一方面反映出交通和区位在开发区的选址中具有重要的决定作用,另一方面也说明开发区的设立与当地经济发展水平密切相关,越是发达的城市拥有的开发区数量越多。此外,开发区设立在经济发展水平较高的城市之间更容易同时接受两地的经济辐射。相较于国家级开发区,如此规模和数量的省级开发区在地方经济发展中必将起到不可忽视的作用,而目前的研究中对于省级开发区的关注反而较少。

(二)国家级开发区的空间分布和集聚特征

国家级开发区是指国务院批准设立的开发区。根据《中国开发区审核公告目录(2018)》,截至2018年,全国共有国家级开发区552家,其中长三角地区有146家,占到了全国总量的27%,其中经济技术开发区65家,高新技术产业开发区32家,海关特殊监管区域43家,其他类型开发区6家。总规划面积为1 397.96平方公里,单个开发区的平均面积为9.58平方公里。

图4.4给出了长三角地区不同类型开发区数量的变化趋势。可以看出,经济技术开发区是长三角地区最早成立的开发区类型,直到1990年成立长三角地区第一家保税区为止,经济技术开发区是开发区起步发展阶段唯一的开发区类型,而首批4家高新技术产业开发区成立于1991年,1992年成立了第一家出口加工区。此外,经济技术开发区作为中国主要的开发区类型,其在数量上一直领先于其他三种类型的国家级开发区,其起步阶段要早于其他三种类型的国家级开发区。保税区和高新技术产业园区在数量上和发展速度上基本保持一致,截至2017年,长三角地区二者的数量均为32家,出口加工区的数量在四种类型的国家级开发区中是最少的,从2010年以来其数量一直保持在11家。近年来,各个地方的出口加工区不断转型升级为综合保税区,这也意味着出口加工区作

为改革开放进程中阶段性的产物,会不断被功能更加完善的综合保税区所取代。

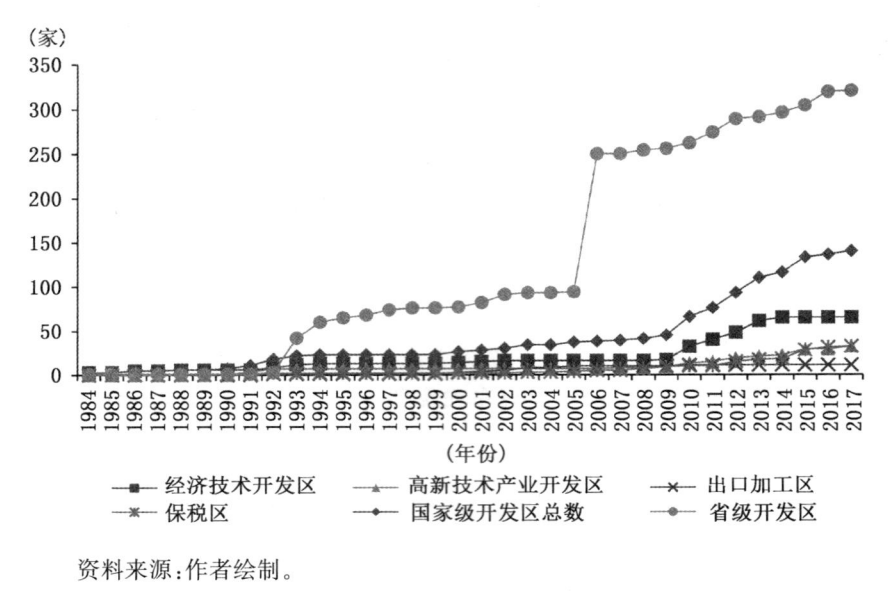

图 4.4 长三角地区不同类型开发区数量演进

资料来源:作者绘制。

长三角地区国家级开发区分布密度达到每万平方公里 4 个,是全国平均水平的 8 倍左右。从国家级开发区在长三角地区不同省份的空间分布来看,如图 4.5 所示,上海、江苏、浙江以及安徽省的国家级开发区数量分别为 20 家、67 家、38 家以及 21 家。从国家级开发区演进的历程来看,江苏和浙江是长三角地区最早设立国家级开发区的省份,早在 1984 年,江苏省就率先设立了连云港经济技术开发区和南通经济技术开发区,浙江省设立了宁波经济技术开发区,紧接着上海在 1986 年设立了虹桥经济技术开发区和闵行经济技术开发区,这是上海最早设立的两家国家级开发区,安徽省的第一家国家级开发区合肥高新技术产业开发区成立于 1991 年。此外,从图 4.5 可见,截至 2008 年年底,上海是长三角地区拥有最多国家级开发区的地区,江苏次之,浙江排第三,安徽省仅有 3 家国家级开发区。从 2009 年开始,江苏和浙江的国家级开发区数量增速加快,两省国家级开发区总量均超过上海,分别居于第一和第二位,截至2017年年底,江苏省拥有67家国家级开发区(其中,经济技术开发区26家、高新技术产业开发区17家、海关特殊监管区21家、其他类型的开发区3家),浙江省拥有38家国家级开发区(其中,经济技术开发区21家、高新技术产业开发区8家、海关特殊监管区8家、其他类型的开发区1家),同年,安徽省的开发区数量也达到了21家(其中,经济技术开发区12家、高新技术产业开发区5家、海关特殊监管区4家),超过了上海(20家)。从上述的分析可见,随着地方经济的发展,国家级开发区的数量不断递增,这在一定程度上说明了开发区在地方经济发展中的重要作用,以及地方政府在发展经济的过程中重视发挥开发区的作用。

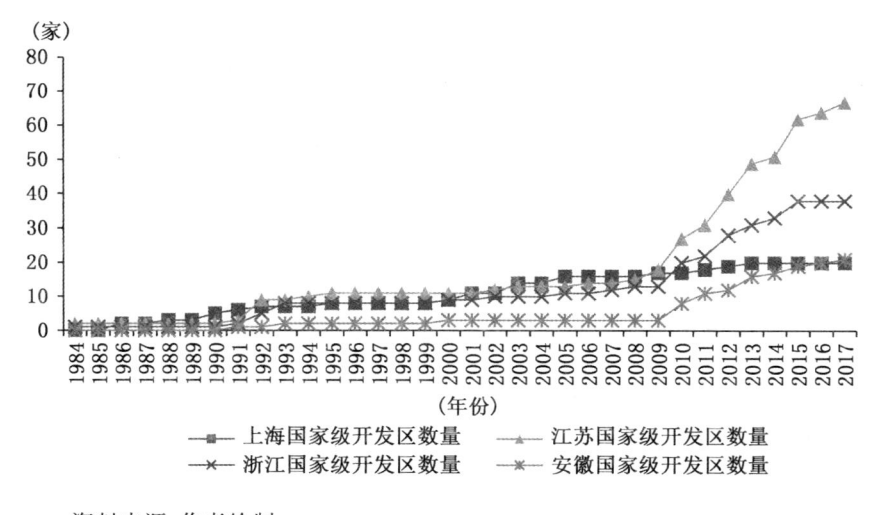

资料来源:作者绘制。

图4.5 长三角地区不同省份国家级开发区的数量演进

国家级开发区在不同城市的空间分布,与省级开发区的空间分布类似。如图4.1所示,长三角地区国家级开发区也主要集中在省会城市和苏州等重要节点城市,但是不同的是,国家级开发区在数量上远远少于省级开发区。值得一提的是,与省级开发区遍地开花的发展模式相比,国家级开发区主要集中在南京、苏州、上海、苏州、宁波等省会和节点城市及其周围。可见,开发区的空间分布也与地区经济发展水平相关,越是发达的城市拥有的国家级开发区数量越多,这也在一定程度上表明了开发区作为地方经济发展的平台和支撑作用。苏州作为长三角地区制造业最为发达的城市,拥有21家国家级开发区,其中,有6家国家级经济技术开发区、3家高新技术产业园区,这三项指标均位列41个城市之首;此外,上海中心城市的地位也体现在其国家级开发区的数量上,其国家级开发区的总数为20家,其中,海关特殊监管区(保税区和出口加工区)为10家,居于长三角41个地级市之首,这也在一定程度上表明了上海较高的对外开放程度。宁波、杭州、无锡、南通国家级开发区的数量分别为9家、8家、7家、6家,除了台州、淮北、黄山、阜阳、宿州以及亳州6座城市尚没有国家级开发区之外,其他城市均拥有1~5家国家级开发区。

二、长三角地区开发区的发展阶段和优惠政策比较

省级开发区和国家级开发区的一个重要区别便是,由于审批机构的不同,国家级开发区的政策力度显著强于省级开发区。本部分主要根据开发区发展过程中的重要节点性事件,比如开发区的清理整顿、省级开发区升级为国家级开发区等,划分开发区的发展阶段,在此基础上,梳理和比较不同类型开发区的优惠政策。

(一)省级开发区的发展阶段

从1984年上海设立长三角地区第一家省级开发区"上海星火工业园区"至今,长三角省级开发区的发展经历了两次高峰期,以此为节点,可以将长三角省级开发区的发展大致分为三个阶段(如图4.6所示)。

1984—1992年属于起步发展阶段,继"上海星火工业园区"之后,浙江省在1992年成立了"浙江淳安经济开发区"和"浙江舟山经济开发区",成为探索省级开发区发展经验的先行区。

1993—2005年属于稳定发展阶段,在此期间成立了91家省级开发区,除了1993年迎来了开发区设立的第一次高峰(39家)之外,其他年份开发区的数量较为稳定。2003年12月,国土资源部发布了《关于清理整顿现有

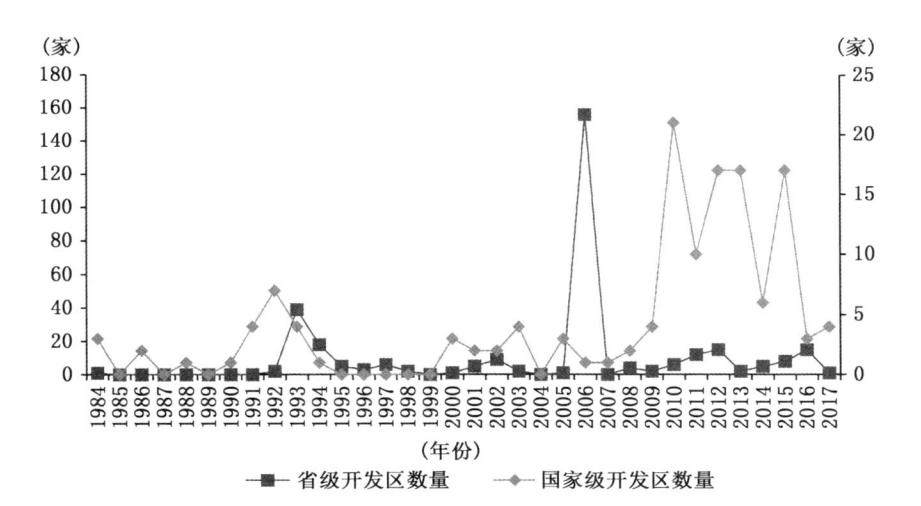

注：图中的国家级开发区包括经济技术开发区、高新技术产业园区、海关特殊监管区域（出口加工区和保税区），不包括6家"其他类型开发区"，此外，图中国家级开发区数量为次坐标轴，省级开发区数量为主坐标轴。

资料来源：作者绘制。

图 4.6　长三角地区开发区成立历程

各类开发区的具体标准和政策界限的通知》，这次清理整顿持续到 2006 年，大幅度压缩了开发区的数量和规模，成功控制了开发区的无序扩张。

2006 年至今属于规范发展阶段，经过清理整顿，规范了开发区的批准和审批程序，使得省级开发区的管理走上了规范化的道路。从此以后，"省级开发区的设立必须先经过国土资源部和建设部的规划审核，各类省级开发区的设立和扩区必须符合国民经济和社会发展规划、土地利用总体规划和城市总体规划"[①]，然后才由省级人民政府批准设立，从而使得省级开发区的设立受到建设用地指标的严格约束，从根源上遏制了开发区热现象。在这一阶段，经过了十多年的限制发展之后，2006 年省级开发区数量出现了爆发式增长，当年，长三角地区有 156 家省级开发区批准设

---

①　资料来源：《印发国家发展改革委关于全国各类开发区清理整顿工作总结的报告要点的通知》（发改外资〔2007〕591 号）。

立,为各地经济发展注入了新动能,搭建了新平台,2006 年之后省级开发区的设立平稳推进,除了 2007 年以外,每年平均有 7 家省级开发区成立。

(二)国家级开发区的发展阶段

从 1984 年长三角地区设立首批国家级开发区(包括连云港经济技术开发区、南通经济技术开发区以及宁波经济技术开发区)至今,长三角地区国家级开发区的发展经历了两次高峰期(如图 4.6 所示),以此为节点,可以将长三角国家级开发区的发展大致分为三个阶段。

一是 1984—1992 年的起步发展阶段。1984 年国家设立首批国家级开发区到 1992 年可以认为是长三角开发区发展的起步阶段,在 8 年间共成立了 13 家国家级开发区。在这一阶段,开发区仅分布在沿海城市连云港、南通、宁波以及南京、杭州、合肥三个重点省会城市和上海。

二是 1992—2009 年的扩张发展阶段。学者们将这一阶段称为"第一轮开发区热"(向宽虎和陆铭,2015)。在此期间,长三角地区共有 41 家国家级开发区成立,仅 1992 年就成立了 10 家国家级开发区,开发区的空间分布也从上一阶段的沿海城市、重点省会城市/直辖市向长三角地区的无锡、苏州、扬州等其他城市分散。至此,从 1984 年至今,在 26 年的时间里,长三角地区成立了 54 家开发区。

三是 2010 年至今的质量提升阶段。这一阶段开发区的发展可以说是质量和数量并重,国家级开发区的扩张主要由省级开发区升级而来,这表明国家级开发区的发展进入质量提升阶段。从 2010 年至 2017 年短短 8 年时间内,共有 95 家国家级开发区成立,平均每年成立的国家级开发区数量接近 12 家。图 4.7 为每年由省级升级为国家级的开发区数量,可见,长三角地区省级开发区升级为国家级开发区的过程始于 2002 年,2017 年逐渐进入尾声。在此期间有 68 家省级开发区升级为国家级开发区,其中 2010 年至 2013 年是开发区升级的高峰期,这一轮的开发区扩张也可以称作"第二轮开发区热"。在这期间,共有 44 家省级开发区升级为国家级开发区,尤其是 2010 年成立的 21 家国家级开发区中有 19 家是由省级开发区升级而来。

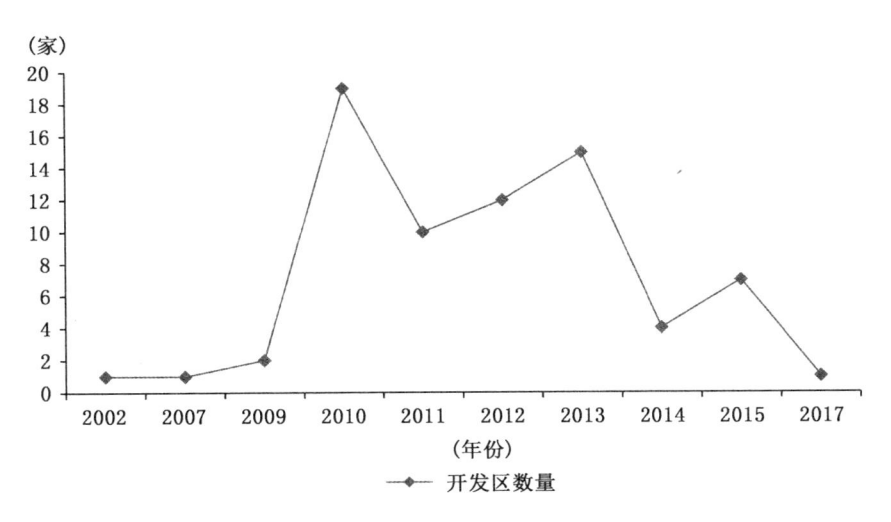

资料来源:作者绘制。
图 4.7 长三角地区省级开发区升级为国家级开发区历程

(三)不同类型开发区的优惠政策比较

开发区作为我国重要的政策高地,其与非开发区的最大差别主要体现在开发区具有更加优惠的政策和更加精简高效的制度安排。国家级开发区的政策是国家战略布局的反映,而省级开发区的政策更多地反映了当地政府发展本地经济的意愿,同时省级开发区的设立受到建设用地指标的严格约束(向宽虎和陆铭,2015)。由于受到地方行政权限的限制,省级开发区的政策力度往往弱于国家级开发区。此外,国家级开发区的政策具有较强的原则性,省级开发区的政策方向和力度存在较大的区域异质性(高国力,2011)。本部分根据国家文件、学者的研究以及开发区网站上的公开信息对开发区的优惠政策进行分类整理。

国家级开发区的政策是国家战略布局的反映,如表 4.1 所示,笔者根据国家部委的政策文件、学者们的研究等整理了国家级开发区的优惠政策。总体而言,国家级开发区的优惠政策可以分为 4 种类型,包括税收优惠政策、土地优惠政策、信贷优惠政策和产权保护政策。

表 4.1   **国家级开发区优惠政策**

税收优惠政策

第一,开发区企业从被认定之日起,减按 15% 的税率征收所得税。开发区企业出口产品的产值达到当年总产值 70% 以上的,经税务机关核定,减按 10% 的税率征收所得税。

第二,新办的开发区企业,经企业申请,税务机关批准,从投产年度起,两年内免征所得税。

第三,对新办的中外合资经营的开发区企业,合营期在十年以上的,经企业申请、税务机关批准,可从开始获利年度起,头两年免征所得税。

第四,在经济特区和经济技术开发区地域范围内的开发区企业,是外商投资企业的,仍执行特区或经济技术开发区的各项税收政策,不受前两项规定的限制。免税期满后,纳税确有困难的,经批准在一定期限内给予适当减免税照顾。

第五,对内资办的开发区企业,其进行技术转让以及在技术转让过程中发生的与技术转让有关的技术咨询、技术服务、技术培训的所得,年净收入在 30 万元以下的,可暂免征收所得税;超过 30 万元的部分,按适用税率征收所得税。对其属于"火炬"计划开发范围的高新技术产品,凡符合新产品减免税条件并按规定减免产品税、增值税的税款,可专项用于技术开发,不计征所得税。

第六,高新技术企业生产的出口产品,除国家限制出口或者另有规定的产品以外,都免征出口关税。高新技术企业用于高新技术开发而国内不能生产的仪器和设备,凭审批部门的批准文件,经海关审核后,免征进口关税。

土地优惠政策

第一,开发区管委会土地部门办理国有土地使用权有偿出让和转让业务,鼓励中外投资者成片开发建设,出让或者转让的土地必须达到"六通一平"。

第二,在中国现行法律下土地属国家所有,开发区管委会有权出让或转让土地使用权。企业使用开发区内的土地最长年限为:农业用地、住宅用地 70 年,工业用地 60 年,商业用地 50 年。使用期满之后可以依法申请延长,期限内开发区企业有权依法转让、出租和抵押土地使用权。

信贷优惠政策

鼓励国家政策性银行、商业银行对符合条件的国家级经济技术开发区区内基础设施项目及公用事业项目给予信贷支持,支持符合条件的区内企业通过资本市场扩大直接融资等。对经济特区、经济技术开发区土地开发和基础设施贷款实行差别利率。

产权保护政策

中央和地方政府鼓励中外企业进驻开发区,承诺依法保护企业的资产、合法收益及其他权益。在 2004 年国家宪法明确规定保护私人产权之前,这项承诺显得十分重要,提高了企业进驻开发区的意愿。

资料来源:《国务院关于批准国家高新技术产业开发区和有关政策规定的通知》《国家税务局关于贯彻执行〈国家高新技术产业开发区税收政策的规定〉的通知》《国务院和省市政府关于国家级开发区优惠政策的规定》;高国力:《我国省级开发区升级的区域分布及发展思路研究》,《甘肃社会科学》,2011 年第 6 期,第 36—40 页。

省级开发区的优惠政策由省级政府根据当地经济发展的实际制定，总体来看，省级开发区的优惠政策主要包括税收政策、土地政策以及财政奖励。税收政策主要是指企业所得税和增值税返还和减免，土地政策主要是指工业用地的低价转让，财政奖励主要是对符合条件的企业由政府直接给予资金奖励，比如，江苏常州天宁经济开发区明确规定"经认定考核通过的科技型企业，自开票之日起三年内享受所缴纳的增值税、所得税财政留成部分 50%的奖励"[①]。

第三节 长三角地区异质性企业出口特征

企业作为开发区的基本经济活动单元，本书也主要研究开发区政策对区内企业出口选择和出口学习的影响。本节主要就长三角地区制造业企业的空间分布、集聚特征以及开发区内外企业的基本特征进行描述性分析，以期在实证分析前获得更加直观的经验证据。

一、开发区内外企业的总体空间分布特征

本书的主要目标是研究开发区政策对不同生产率企业出口行为的影响，在实证检验之前，有必要分析开区内外企业的分布、开发区数量与出口额的变化趋势的总体特征。图 4.8 给出了 1998—2013 年（不包括 2010年）长三角地区开发区的数量、长三角地区国有及规模以上非国有制造业企业出口总额以及开发区内出口总额的变化趋势，可以发现，开发区的数量与出口总额的变化趋势具有较强的一致性。此外，在本书的样本期内，开发区内的出口额呈现不断上升的趋势，1998 年开发区内的出口额仅占到长三角地区所有规模以上及国有企业出口总额的 8.86%，2013 年这一比重达到了 26.9%。值得强调的是，长三角地区的开发区规划面积仅占

---

① 资料来源：江苏常州天宁经济开发区网站，http://www.cztn.gov.cn/class/PKOFQH-KI,2019 年 9 月 2 日。

三省一市总面积的1.02%,但就是在这1%的土地上①创造了27%的出口额,这在一定程度上表明了开发区作为对外开放的窗口在促进出口贸易中发挥了重要作用,而当前的研究却忽略了开发区内作为出口贸易主体的企业行为。

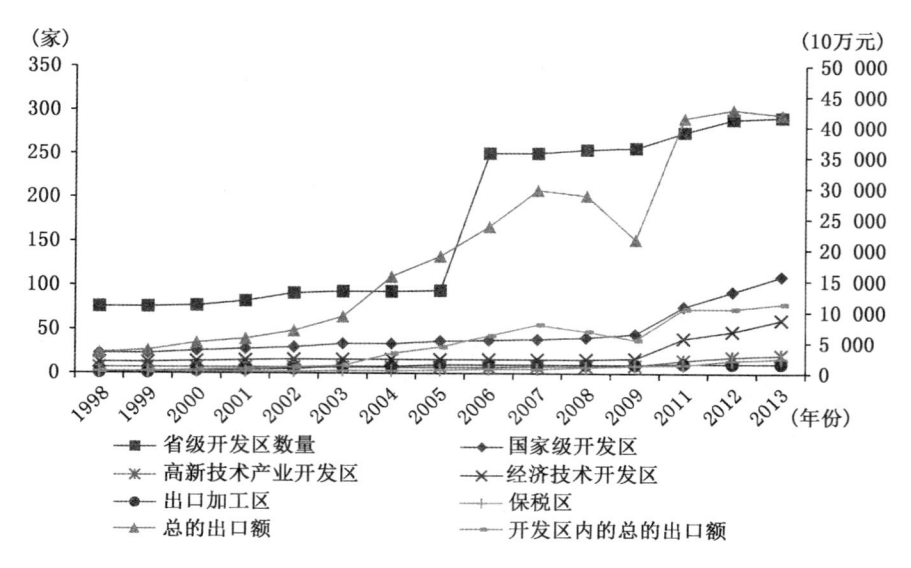

图 4.8 长三角地区开发区数量演变与工业企业出口额对比

注:图中的国家级开发区包括经济技术开发区、高新技术产业开发区、出口加工区和保税区,开发区的数据来源于《中国开发区审核公告目录(2018年版)》,出口额是工业企业数据库中所有出口企业出口额的加总,出口额的纵坐标轴为次坐标轴。

资料来源:作者绘制。

因为本书的研究主体是微观企业,在进行更加详细的描述性分析之前,首先简要梳理长三角地区以及开发区内外企业的总体空间分布特征。图4.2的上半部分为2000年和2013年长三角地区制造业企业分布情况,总体来看,制造业企业数量不断增加,与开发区的空间集聚相类似,在

---

① 这里的开发区占整个长三角地区的面积是根据2018年的数据计算的,与2013年的数据相比并没有产生很大差别。

合肥、南京、上海、杭州、宁波等省会城市/直辖市和重要沿海城市、节点城市及其周围形成了明显的连绵成片的企业集聚区,且集聚程度不断上升。但值得注意的是,随着时间的推移,在上述集聚区之外,企业的分布密度也逐渐提升,在江苏北部和浙江南部沿海地区新的密度相对较低的集聚区初现雏形。此外,开发区内的企业数量远低于开发区外的地区,比如,萧山经济技术开发区内拥有规模以上工业企业 195 家[1],这主要源于开发区面积的限制,从前面的分析可知,不论是国家级开发区还是省级开发区,其平均批准面积均不足 10 平方公里,故能容纳的企业数量也是有限的。但就是在这样一个更小尺度的特定空间里,创造了更多的产值、出口,区内企业的集聚度也远高于开发区外。以常州高新技术产业园区为例,其以占全市 12% 的土地、14% 的人口,创造了全市 20% 的经济总量、21.5% 的财政收入、1/3 的进出口总额,集聚了全市 1/3 的外资企业和 1/3 的高新技术企业。[2]

二、开发区内外异质性企业出口行为比较

在进行更加详细的实证分析之前,首先基于企业特征的描述性信息做初步的分析,表 4.2 给出了开发区内外企业出口的基本情况,包括开发区内外不同样本下的企业数量、出口企业数量、从事出口的企业占所有企业数量的比重。可以发现,从企业数量方面来看,开发区外的企业总数以及出口企业数量均远远高于开发区内,但是从出口企业占比来看,开发区内从事出口的企业比重远远高于开发区外。具体而言,在本书研究的样本期内,从 1999 年到 2009 年,开发区内出口企业的占比均在 40% 以上(除了 1998 年为 38.76%),2009 年之后,出口企业占比进一步上升,达到了 50% 以上。而相比之下,从 1999 年到 2009 年,非开发区出口企业的占

---

[1] 资料来源:萧山经济技术开发区官网:http://kaifaqu.xiaoshan.gov.cn/n7/n32/index.html,2019 年 6 月 1 日。

[2] 资料来源:常州高新技术产业园区官网:http://cznd.investchn.com/index.php/About/index.html,2019 年 6 月 1 日。

比均在40%以下,2009年之后,逐渐超过了40%,但依然保持在50%以下。这在一定程度上说明,与开发区外的企业相比,开发区内的企业更容易进入出口市场。对此,本书认为开发区作为我国外向型经济发展的主要平台,具有较强的出口导向性,考虑到开发区为企业提供了较多的政策支持和便利条件,区内的企业也更加倾向于从事对外贸易的业务。

表4.2　　　　　　　　开发区内外企业的基本特征比较

年份	开发区 企业总数（家）	开发区 出口企业数量（家）	开发区 出口企业占比	非开发区 企业总数（家）	非开发区 出口企业数量（家）	非开发区 出口企业占比
2013	9 987	5 483	54.90%	85 737	38 585	45.00%
2012	9 036	4 896	54.18%	86 680	39 906	46.04%
2011	8 854	5 064	57.19%	82 178	34 910	42.48%
2009	8 021	3 209	40.01%	78 547	23 713	30.19%
2008	9 486	4 058	42.78%	89 781	28 396	31.63%
2007	10 623	4 299	40.47%	102 624	31 353	30.55%
2006	9 354	3 823	40.87%	89 720	28 678	31.96%
2005	6 396	2 834	44.31%	82 704	27 002	32.65%
2004	6 836	3 140	45.93%	91 703	31 438	34.28%
2003	4 243	1 878	44.26%	58 006	20 134	34.71%
2002	3 530	1 571	44.50%	51 055	18 032	35.32%
2001	3 013	1 297	43.05%	46 314	15 947	34.43%
2000	2 341	1 041	44.47%	39 732	13 516	34.02%
1999	2 094	863	41.21%	38 889	12 426	31.95%
1998	2 474	959	38.76%	38 638	12 333	31.92%

资料来源:作者整理得到。

此外,表4.3为不同类型开发区出口企业占比和出口密度的比较,总体来看,开发区内出口企业比重和企业出口的强度都比较高。具体而言,国家级开发区出口企业占比略高于省级开发区,但是后者企业出口密度远高于前者,这表明国家级开发区内的企业相较于后者更容易进入出口市场,但是省级开发区内的企业进入出口市场后反而更容易提高其出口强度,可能的解释是,省级开发区的优惠政策力度要弱于国家级开发区,为了获得更多的出口优惠政策,省级开发区内企业有动力提高出口密度。此外,作为海关特殊监管区的出口加工区和保税区的出口企业占比和企业出口密度在所有类型的开发区中居于首位,这主要是因为这类开发区设立之初的主要目标便是促进出口,国务院针对出口加工区设立了明确的鼓励出口的政策措施(陈钊和熊瑞祥,2015),而保税区不仅具备出口加工区的功能,而且还是政策最优惠的开发区类型,这在一定程度上进一步鼓励了区内企业的出口;经济技术开发区和高新技术产业园区相对于上述两种类型的开发区拥有较低的出口企业占比和出口密度。上述结论在一定程度上说明开发区确实有利于促进外向型经济的发展。

表 4.3　　　　　　　　不同类型开发区内企业的出口密度比较

年份	出口企业占比					
	总计	经济技术开发区	高新技术产业园区	出口加工区	保税区	省级开发区
2013	60.22%	59.10%	56.19%	72.44%	59.09%	51.36%
2012	53.29%	58.43%	43.05%	74.14%	59.55%	52.47%
2011	51.60%	59.47%	38.85%	78.76%	68.10%	56.92%
2009	46.85%	45.44%	41.27%	54.84%	53.42%	35.69%
2008	48.98%	47.09%	44.42%	58.71%	49.26%	39.36%
2007	47.35%	45.23%	43.04%	58.82%	48.63%	36.69%
2006	47.17%	45.28%	42.62%	52.63%	47.37%	37.29%
2005	44.91%	44.71%	42.21%	51.00%	35.92%	44.68%
2004	46.39%	48.43%	41.44%	47.22%	43.64%	44.49%
2003	46.00%	45.56%	41.25%	48.48%	38.27%	44.14%
2002	47.12%	46.36%	40.68%	46.00%	32.91%	44.02%
2001	46.38%	45.92%	39.26%	40.91%	32.18%	41.58%
2000	48.34%	50.23%	39.85%	42.86%	37.50%	40.22%
1999	46.01%	49.04%	37.00%	45.45%	28.36%	35.88%
1998	41.80%	45.00%	34.16%	34.21%	22.47%	35.90%
2013	46.95%	47.17%	41.31%	60.01%	59.98%	47.03%
2012	47.80%	47.71%	41.96%	59.36%	63.04%	47.20%
2011	50.63%	48.84%	43.90%	59.48%	67.92%	48.72%

续表

年份	企业出口密度					
	总计	经济技术开发区	高新技术产业园区	出口加工区	保税区	省级开发区
2009	54.73%	54.26%	48.60%	62.21%	65.79%	57.62%
2008	55.84%	56.63%	51.60%	67.79%	57.29%	58.92%
2007	57.67%	58.34%	53.95%	68.96%	61.67%	62.98%
2006	57.96%	59.02%	52.97%	72.25%	65.66%	62.87%
2005	56.32%	57.64%	51.73%	70.82%	72.04%	66.46%
2004	54.69%	57.09%	52.47%	69.62%	69.26%	66.51%
2003	52.14%	54.75%	54.10%	68.03%	69.04%	66.55%
2002	56.49%	58.97%	54.14%	70.73%	65.41%	69.21%
2001	55.77%	56.64%	55.47%	62.70%	72.30%	69.30%
2000	56.89%	58.18%	51.63%	73.51%	63.35%	70.17%
1999	59.03%	58.54%	49.50%	73.61%	69.94%	68.88%
1998	57.67%	60.48%	49.71%	71.47%	58.18%	63.20%

资料来源:作者整理得到。

上文的分析显示,平均来看,省级开发区出口企业占比小于国家级开发区,表明国家级开发区有更多的企业从事出口,而省级开发区的出口密度高于国家级开发区,说明省级开发区内的企业一旦进入出口市场,便有极大的动力提高国外市场的销售额。为了更加准确地分析省级开发区和国家级开发区之间的不同,考虑到本书的样本期内(1998—2013年),有60家省级开发区先后升级为国家级开发区,可以对比分析省级开发区升级前后区内企业特征的变化,从而反映开发区升级的作用效果。表4.4给出了省级开发区升级为国家级开发区前后企业生产率、员工人数等特征的变化趋势,表中第一列为开发区升级时间,0表示开发区升级当年,1表示省级开发区升级为国家级开发区的第1年,-1表示省级开发区升级为国家级开发区的前一年,其他依此类推。可以发现,省级开发区升级为国家级开发区之前,企业的生产率、员工人数、出口额、工业总产值经历了波动的上升过程(有个别年份降低,但是总体保持了上升的趋势),这也印证了省级开发区升级为国家级开发区必须具有良好的发展基础(比如,年工业总产值每平方公里15亿元以上,年实现税收收入达到5亿元以上,年出口额达到2.5亿美元以上,年实际吸收外商直接投资累计达到5亿美元以上等[①])的基本要求;此外,升级成功之后前三年企业的生产率反而经历了小幅的下降,从第4年开始生产率又逐步提高,与生产率的变化趋势恰好相反,升级之后企业的规模和工业总产值经历了显著的扩张过程,可能的解释是位于国家级开发区的良好声誉提高了企业的市场需求,从而使得企业热衷于扩大规模和产值,而并没有致力于提升企业的生产率。另一个值得注意的现象是,出口企业占比、外资出口企业占比以及企业的出口密度在升级前后经历了一个震荡下调的过程,可能的解释是国家级开发区更加优惠的政策和集聚经济带来的溢出效应提高了企业的竞争力,使得企业不需要再通过高密度的出口来获得出口优惠政策的支持,从而企业逐渐从国外市场转向国内市场。

表4.4　省级开发区升级为国家级开发区前后企业特征的变化

升级时间	生产率(%)	员工人数(人)	出口额(千元)	出口密度(%)	工业总产值(千元)	出口企业占比(%)	外资企业占比(%)	外资出口企业占比(%)
-5	3.552	411	83 498	29.69	182 993	50.19	52.45	71.94
-4	3.724	419	91 065	28.17	224 948	55.52	54.14	74.49
-3	3.693	367	67 261	23.90	197 938	46.73	44.94	66.23
-2	4.015	492	364 252	30.75	483 364	52.57	52.57	75.95
-1	3.996	427	175 641	24.42	406 802	47.62	46.75	69.61
0	4.002	438	160 089	23.60	370 816	45.03	44.36	69.34
1	3.992	436	86 161	23.62	441 048	42.72	39.89	62.98
2	3.918	482	118 896	26.49	522 278	50.04	48.25	67.95
3	3.857	542	154 178	23.96	575 057	43.72	42.80	60.10
4	4.000	406	386 394	21.92	792 007	43.36	59.29	52.24
5	4.033	415	570 711	25.18	981 362	48.96	66.67	54.69

资料来源:作者整理得到。

---

① 资料来源:《省级经济开发区申报国家级开发区程序及条件》。

表4.5详细比较了全样本以及开发区内外出口企业和非出口企业生产率、员工人数以及外资企业占比等基本特征。从企业生产率方面来看，与开发区内的企业相比，非开发区的企业具有明显的生产率优势，具体而言，除了1999—2001年，其他年份非开发区企业的平均生产率均高于开发区内的企业；与非开发区的出口企业相比，开发区内的出口企业具有明显的生产率优势，即开发区内出口企业的生产率显著高于非开发区出口企业，但是，就非出口企业的生产率而言，开发区内的非出口企业并不具有生产率优势。此外，从出口企业和非出口企业生产率的比较来看，在开发区内，2008年及以前，出口企业的生产率均显著高于非出口企业，2008年之后，非出口企业更具有生产率优势；在开发区外，2003年及以前，出口企业的平均生产率显著高于非出口企业，2003年之后，出口企业的生产率显著低于非出口企业。可见，总体来看，位于开发区内的非出口企业并不具有明显的生产率优势，反而开发区内出口企业相较于开发区外的出口企业具有更高的生产率，仅从企业生产率的角度来看，这在一定程度上表明开发区更有利于出口企业的发展。而事实上，中国的开发区在建立之初大多是出口导向型的，开发区一方面实行了促进出口的优惠政策，另一方面集聚了大量的出口企业，无论是开发区的优惠政策还是开发区的集聚经济效应都会对出口企业的生产和贸易产生显著的影响，从而影响企业的生产率。上述分析也表明，开发区内外不同出口状态下企业的生产率变化具有明显的阶段性特征，在实证分析中，应该考察其动态变化趋势。此外，从员工人数来看，无论是全样本、开发区样本还是非开发区样本，出口企业的员工人数均大于非出口企业，尤其是开发区内出口企业的员工人数大于非开发区和全样本的出口企业，这在一定程度上说明出口企业往往是规模更大的企业，而开发区内的企业往往规模更大或者开发区促进了企业规模扩张。从外资企业占比方面来看，出口企业中的外资企业占比远远高于非出口企业，说明与其他所有制类型的企业相比，外资企业更容易进入出口市场，尤其是开发区内从事出口的外资企业占比远高于非开发区和全样本，具体而言，在研究样本期内，开发区内从事出

口的外资企业均超过了50%,而全样本和非开发区外资企业占比均小于50%,这说明外资企业更偏好选址于开发区内。

表4.5　　　　　开发区内外出口企业和非出口企业特征比较

年份	全样本					
	出口企业			非出口企业		
	生产率(%)	员工人数(人)	外资企业占比(%)	生产率(%)	员工人数(人)	外资企业占比(%)
1998	2.831	436	34.32	2.688	195	10.72
1999	2.934	426	35.48	2.756	193	11.60
2000	3.072	389	35.15	2.874	177	11.73
2001	3.083	357	36.05	2.982	159	11.71
2002	3.135	337	35.13	3.06	153	11.67
2003	3.22	333	36.29	3.178	145	11.87
2004	3.193	272	41.21	3.237	111	10.77
2005	3.321	311	41.00	3.339	126	12.75
2006	3.424	315	41.59	3.451	120	12.35
2007	3.481	318	42.09	3.532	115	12.05
2008	3.732	308	42.76	3.806	113	11.63
2009	3.747	230	41.66	3.837	109	12.01
2011	4.075	459	43.89	4.152	246	13.12
2012	4.053	442	43.43	4.161	230	12.00
2013	3.946	551	41.76	4.015	336	11.90

年份	开发区					
	出口企业			非出口企业		
	生产率(%)	员工人数(人)	外资企业占比(%)	生产率(%)	员工人数(人)	外资企业占比(%)
1998	2.815	406	52.48	2.639	207	19.17
1999	2.977	406	54.59	2.716	221	22.53
2000	3.114	396	53.18	2.855	195	23.36
2001	3.106	381	54.83	2.972	176	22.54
2002	3.131	362	50.00	3.05	176	21.54
2003	3.245	372	53.87	3.147	174	22.77
2004	3.196	322	56.82	3.235	136	21.69
2005	3.34	377	58.00	3.292	151	25.50

续表

年份	开发区					
	出口企业			非出口企业		
	生产率(%)	员工人数(人)	外资企业占比(%)	生产率(%)	员工人数(人)	外资企业占比(%)
2006	3.455	382	60.18	3.431	144	24.01
2007	3.505	409	61.80	3.503	142	23.80
2008	3.794	391	61.99	3.74	129	22.87
2009	3.728	384	61.40	3.766	129	23.59
2011	4.129	569	63.10	4.114	294	23.36
2012	4.092	554	62.20	4.135	270	22.16
2013	4.009	640	61.41	3.974	368	22.69

年份	非开发区					
	出口企业			非出口企业		
	生产率(%)	员工人数(人)	外资企业占比(%)	生产率(%)	员工人数(人)	外资企业占比(%)
1998	2.832	439	32.93	2.691	195	10.24
1999	2.931	428	34.15	2.758	192	11.09
2000	3.069	389	33.77	2.875	177	11.16
2001	3.081	356	34.55	2.983	158	11.11
2002	3.136	335	33.86	3.06	152	11.09
2003	3.217	329	34.69	3.18	143	11.21
2004	3.193	267	39.68	2.237	110	10.12
2005	3.319	304	39.26	3.342	125	11.95
2006	3.42	306	39.17	3.452	118	11.31
2007	3.477	306	39.45	3.535	113	11.02
2008	3.793	297	40.07	3.812	111	10.65
2009	3.749	289	39.07	3.843	108	11.03
2011	4.067	443	41.18	4.155	241	12.21
2012	4.047	427	40.87	4.163	227	11.12
2013	3.936	537	38.67	4.018	333	10.87

资料来源：作者整理得到。

为了比较开发区内外出口企业与非出口企业生产率的动态差异,在表4.6中对不同年份进入出口市场的新出口企业①在出口前1年、出口第1年和出口第2年的生产率情况进行了统计,并与对应年份的非出口企业的生产率对比,其中出口前的差异可以来分析企业出口选择效应,出口后的差异变化则可以分析出口学习效应。从全样本的数据来看,在开始出口之前,特别是在2002年以后出口的企业并未表现出显著的生产率优势,低生产率企业选择进入出口市场的现象比较明显。但是在出口之后,出口企业与非出口企业的生产率差异变得不是很显著,从而在一定程度上说明了出口学习效应的存在。基于开发区和非开发区的子样本的比较分析,我们可以发现在开发区内,出口企业在出口前1年的平均生产率水平要低于非出口企业,这在一定程度上可以说明开发区政策是造成低生产率企业进入出口市场的原因之一,对企业"出口—生产率悖论"发生具有一定的解释力。无论是开发区样本还是非开发区样本,出口企业在开始出口后的第1年和第2年相比非出口企业都具有了更高的生产率,存在一定的出口学习效应。表4.6的信息初步验证了我们的理论假设,但是仅用出口前一年和出口后两年的描述性统计并不能够严谨和准确地验证本书的研究目标,还需要基于严格的计量模型来做更加深入的分析。

表 4.6　　开发区内外企业出口生产率关系的描述性统计特征

	全样本								
	出口前1年			出口第1年			出口第2年		
	出口	非出口	Diff.	出口	非出口	Diff.	出口	非出口	Diff.
2012	4.005	4.212	−0.207***	4.009	4.236	−0.226***	3.901	4.167	−0.266***
2008	3.481	3.528	−0.046**	3.824	3.812	0.012	3.765	3.824	0.059**
2007	3.301	3.495	−0.195***	3.474	3.536	−0.062**	3.809	3.830	−0.021
2006	3.219	3.375	−0.156***	3.425	3.456	−0.031	3.497	3.583	−0.087**
2005	3.132	3.250	−0.117***	3.377	3.347	0.030	3.492	3.491	0.001
2004	3.211	3.224	−0.013	3.226	3.247	−0.021	3.348	3.373	0.025
2003	3.047	3.110	−0.063**	3.178	3.173	0.006	3.249	3.267	−0.018

---

① 新出口企业是指开始出口的年份晚于进入样本年份的企业。

续表

	全样本								
	出口前1年			出口第1年			出口第2年		
	出口	非出口	Diff.	出口	非出口	Diff.	出口	非出口	Diff.
2002	3.045	3.029	0.016	3.111	3.051	0.060**	3.215	3.186	0.029
2001	3.047	2.935	0.112***	3.102	2.964	0.138***	3.160	3.057	0.103***
2000	2.887	2.823	0.064**	2.992	2.841	0.151***	3.048	2.933	0.116***
1999	2.842	2.702	0.140***	2.981	2.720	0.261***	3.048	2.834	0.214***

	开发区样本								
	出口前1年			出口第1年			出口第2年		
	出口	非出口	Diff.	出口	非出口	Diff.	出口	非出口	Diff.
2012	3.925	4.193	−0.268***	3.948	4.233	−0.284***	3.844	4.147	−0.302***
2008	3.567	3.483	0.083	3.813	3.738	0.075	3.775	3.761	0.014
2007	3.297	3.464	−0.167**	3.514	3.497	0.017	3.898	3.751	0.147
2006	3.219	3.343	−0.124*	3.477	3.423	0.053	3.590	3.538	0.052
2005	3.166	3.235	−0.070	3.419	3.293	0.127	3.494	3.438	0.057
2004	3.168	3.183	−0.015	3.129	3.244	0.115*	3.273	3.337	−0.064
2003	2.963	3.092	−0.130	2.992	3.127	0.135	3.197	3.234	−0.038
2002	3.104	3.025	0.079	3.068	3.026	0.042	3.164	3.146	0.017
2001	2.944	2.893	0.051	3.258	2.931	0.327***	3.204	3.022	0.182
2000	2.712	2.769	−0.056	2.914	2.788	0.126	2.890	2.919	−0.028
1999	2.857	2.609	0.247**	3.062	2.657	0.405***	3.159	2.810	−0.348***

	非开发区样本								
	出口前1年			出口第1年			出口第2年		
	出口	非出口	Diff.	出口	非出口	Diff.	出口	非出口	Diff.
2012	4.012	4.213	−0.202***	4.014	4.236	−0.222***	3.907	4.169	−0.262***
2008	3.470	3.531	−0.061***	3.825	3.818	0.007	3.764	3.829	−0.065**
2007	3.301	3.498	−0.197***	3.470	3.539	−0.070***	3.800	3.837	−0.037
2006	3.219	3.377	−0.158***	3.419	3.459	−0.040*	3.486	3.587	−0.101***
2005	3.130	3.251	−0.121***	3.373	3.350	0.023	3.492	3.494	−0.003
2004	3.215	3.227	−0.012	3.235	3.247	−0.012	3.354	3.375	−0.021
2003	3.054	3.111	−0.057**	3.192	3.175	0.017	3.253	3.269	−0.016
2002	3.041	3.029	0.012	3.114	3.052	0.062**	3.218	3.188	0.031
2001	3.055	2.937	0.117***	3.092	2.966	0.126***	3.157	3.059	0.098***
2000	2.900	2.825	0.075**	2.998	2.843	0.155***	3.059	2.933	0.126***
1999	2.841	2.706	0.135***	2.976	2.722	0.253***	3.041	2.836	0.205***

注：上述结果为 t 检验的结果。

资料来源：作者整理得到。

本书研究的空间单元为由沪、苏、浙、皖三省一市 41 个地级市构成的长三角地区。长三角虽为我国经济最为发达的地区，地区内部依然存在较大的不平衡，尤其是安徽省和江、浙、沪之间依然存在较大的差距，开发区的发展水平也是参差不齐，因此在研究开发区内部的企业行为时，也应该考虑区域异质性，这里首先就三省一市开发区的基本情况、企业特征等进行初步的描述性统计分析。首先，三省一市的共同特征是（如表 4.7 所示）开发区内的出口企业占比高于非开发区，也就是说开发区内有更多的企业从事出口活动，这也在一定程度上说明了开发区内的企业更容易进入出口市场，现实中开发区更加优惠的政策措施和集聚经济都有助于降低企业进入出口市场的成本，从而扩展了出口的广延边际；另外，开发区内企业的出口密度却低于非开发区的出口企业，这表明，虽然开发区外有相对较少的企业能够进入出口市场，但是一旦企业进入出口市场，便有激励提高其出口密度，可能的解释是，由于开发区内的企业相较于开发区外的企业可以享受到更加优惠的政策措施，从而弥补了企业的生产成本和国内外市场进入成本，企业可以同时选择在国内外市场销售，但是开发区外的企业进入出口市场必须解决较高的国外市场成本问题，只有通过提高国外市场的销售额才能弥补这部分成本并获得利润。其次，三省一市开发区内外企业的另一个共同特征是，开发区内的外资企业占比均远远高于非开发区，这也再次说明了开发区对外资企业具有更大的吸引力，现实中开发区的一项重要任务便是吸引外资从而促进我国外向型经济的发展。各种类型的开发区都制定了吸引外资企业的各项优惠政策[①]，比如，国务院《关于鼓励外商投资的规定》中指出"经济特区和经济技术开发区的以及其他已经按 15% 的税率缴纳企业所得税的产品出口企业，符合前款条件的，减按 10% 的税率缴纳企业所得税"。同时，除了浙江省以外，开发区内外资出口企业的占比也是远高于开发区外外资出口企业，这也再次说明了外资企业多是出口导向型的，尤其是开发区内专门针对外资

---

① 资料来源：国务院，《关于鼓励外商投资的规定》。

企业的促进出口政策进一步激励了区内的外资企业从事出口活动。最后，就开发区内的企业数量而言，安徽省开发区内的企业数量是三省一市中最少的，从前文的分析可见，安徽省国家级开发区的数量比上海市多一家，省级开发区的数量在三省一市中居第二位，可能的解释是安徽省的国家级开发区较少，而省级开发区中规模以上的企业数量不足，从而导致开发区内的企业数量远远落后于江、浙、沪地区，也有可能是因为安徽省开发区发展水平滞后，与其他两省一市相比对企业缺乏吸引力。

表 4.7　　　长三角三省一市开发区基本情况和企业特征比较分析

上海

开发区

年份	企业总数（家）	出口企业生产率（%）	非出口企业生产率（%）	出口企业占比（%）	企业出口密度（%）	外资企业占比（%）	外资出口企业占比（%）
1998	542	2.978	2.816	37.82	56.10	46.86	64.96
2003	943	3.423	3.255	48.14	54.26	59.38	70.18
2008	2 466	3.938	3.817	48.58	54.82	57.58	72.61
2013	2 283	4.104	3.94	55.72	45.21	61.06	75.54

非开发区

年份	企业总数（家）	出口企业生产率（%）	非出口企业生产率（%）	出口企业占比（%）	企业出口密度（%）	外资企业占比（%）	外资出口企业占比（%）
1998	7 714	2.864	2.819	32.24	60.27	33.24	58.58
2003	9 771	3.304	3.329	31.55	58.46	36.88	56.41
2008	10 520	3.883	3.864	32.03	55.51	35.28	62.87
2013	6 199	4.032	3.986	38.86	42.96	40.15	65.05

江苏

开发区

年份	企业总数（家）	出口企业生产率（%）	非出口企业生产率（%）	出口企业占比（%）	企业出口密度（%）	外资企业占比（%）	外资出口企业占比（%）
1998	823	2.847	2.671	38.64	61.69	34.14	64.77
2003	1 077	3.301	3.293	38.90	53.59	40.48	59.40
2008	2 148	3.931	3.855	33.15	55.86	40.18	59.91
2013	2 958	4.173	4.135	32.89	48.44	39.89	57.88

续表

非开发区

年份	企业总数（家）	出口企业生产率（%）	非出口企业生产率（%）	出口企业占比（%）	企业出口密度（%）	外资企业占比（%）	外资出口企业占比（%）
1998	16 178	2.883	2.754	29.55	61.79	15.34	57.98
2003	21 893	3.38	3.332	27.78	57.73	19.13	57.60
2008	32 775	3.968	3.96	23.97	55.81	22.81	57.97
2013	36 655	4.069	4.124	23.81	47.28	23.81	55.98

浙江

开发区

年份	企业总数（家）	出口企业生产率（%）	非出口企业生产率（%）	出口企业占比（%）	企业出口密度（%）	外资企业占比（%）	外资出口企业占比（%）
1998	932	2.698	2.58	42.06	61.70	23.50	63.01
2003	1 834	3.14	3.044	48.42	66.94	23.94	69.25
2008	3 953	3.653	3.614	48.09	61.20	31.77	68.07
2013	3 322	3.812	3.781	47.71	50.80	31.76	65.88

非开发区

年份	企业总数（家）	出口企业生产率（%）	非出口企业生产率（%）	出口企业占比（%）	企业出口密度（%）	外资企业占比（%）	外资出口企业占比（%）
1998	11 707	2.793	2.62	39.40	65.14	13.32	68.44
2003	22 896	3.112	2.983	45.06	67.29	13.82	76.46
2008	40 899	3.698	3.672	40.15	65.53	38.55	71.97
2013	31 291	3.818	3.817	43.20	54.22	15.65	68.11

安徽

开发区

年份	企业总数（家）	出口企业生产率（%）	非出口企业生产率（%）	出口企业占比（%）	企业出口密度（%）	外资企业占比（%）	外资出口企业占比（%）
1998	149	2.889	2.261	22.82	42.58	20.81	41.94
2003	277	3.087	2.898	26.35	41.17	27.44	42.11
2008	748	3.787	3.735	20.86	41.05	19.12	39.16
2013	1 197	4.162	4.028	17.96	29.92	12.70	34.87

续表

年份	非开发区							
	企业总数（家）	出口企业生产率（%）	非出口企业生产率（%）	出口企业占比（%）	企业出口密度（%）	外资企业占比（%）	外资出口企业占比（%）
1998	3 039	2.513	2.353	14.91	60.48	4.94	35.33
2003	3 446	2.953	2.853	18.92	61.71	7.89	43.38
2008	5 587	3.65	3.68	13.37	56.81	7.18	38.65
2013	11 592	4.132	4.09	8.45	49.59	4.24	32.52

资料来源：作者整理得到。

第四节 本章小结

本章对长三角地区（三省一市）开发区的基本现状和制造业企业的基本特征进行了描述，以期为本书的实证研究提供先验的证据。首先，本章详细介绍了本书对于开发区的界定和区内企业的识别方法。在此基础上，借助 ArcGIS 软件直观地呈现了长三角地区所有国家级开发区以及省级开发区的空间分布和集聚特征，发现开发区最先设立于沿海沿江城市以及重要的省会城市/直辖市，随后逐渐向内陆其他城市扩散；从空间集聚特征来看，整个长三角地区的开发区呈现出越来越均匀分布的态势，但是，特别值得注意的是，以长江为轴，开发区呈现出了扎堆分布的特征，同时，在上海与南京、上海与杭州、合肥与南京、杭州与宁波等省会城市/直辖市以及重要港口城市以及上述城市之间开发区的分布密度远远高于其他地区；接下来详细梳理了长三角地区开发区的发展阶段和优惠政策，根据不同年份成立的开发区数量，以开发区清理整顿为标志，可以将长三角地区省级开发区的发展大致划分为三个阶段：1984—1992 年的起步发展阶段、1993—2005 年的稳定发展阶段以及 2006 年至今的规范发展阶段。以省级开发区大量升级为国家级开发区为标准，国家级开发区的发展可以划分为 1984—1992 年的起步发展阶段、1992—2009 年的扩张发展阶段，以及 2010 年至今的质量提升阶段。此外，本章对开发区的优惠政策进行了梳理并详细比较了国家级开发区和省级开发区的政策差别，发现国家级开发区的优惠政策可以分为 4 种类型，包括税收优惠政策、土地优惠政策、信贷优惠政策和产权保护政策。省级开发区的优惠政策由省级政府根据当地经济发展的实际制定，总体来看，省级开发区的优惠政策主要包括税收政策、土地政策以及财政奖励。最后，本章对长三角地区企业的总体空间分布特征以及开发区内外不同生产率企业的出口行为进行了比较。笔者发现与开发区的空间集聚相类似，在合肥、南京、上海、杭州、宁波等省会城市/直辖市和重要沿海城市、节点城市及其周围形成了明显的连绵成片的企业集聚区，且集聚程度不断上升。从开发区内外企业出口特征的比较来看，开发区内从事出口的企业比重远远高于开发区外，尤其是开发区内从事出口的外资企业占比远高于非开发区，这在一定程度上说明了开发区内出口企业的集聚度远高于非开发区。

第五章　开发区政策影响异质性企业出口行为的实证分析

第一节　引　言

本书的研究主题是开发区政策对企业出口选择行为和出口学习行为的影响,与非开发区相比,开发区是我国外向型经济发展的平台和空间载体,大量的优惠政策是吸引企业入驻开发区的主要原因,随着开发区企业的不断增加,在循环累积因果效应的作用下便能形成基于企业间共享、匹配和学习的集聚经济,因此可以说,开发区不仅是重要的政策高地,同时也是集聚高地。当企业位于开发区内时,其生产和贸易行为必将同时受到开发区政策效应和集聚效应的影响,从而对企业的出口选择和出口学习行为产生重塑。具体而言,一方面,就企业的出口选择效应而言,在企业进入出口市场之前,开发区的财政补贴、税收优惠、融资便利以及管理体制的创新等能够有效弥补企业进入出口市场需要支付的固定成本;此外,开发区内大量企业的集聚尤其是出口和外资企业的示范效应能够通过国外市场信息共享、成本分担以及知识和技术溢出等显著降低企业的出口市场固定成本。上述两种效应共同作用的结果,使得开发区内企业出口的生产率临界值低于内销的生产率临界值,进而一部分生产率低的企业只能进入出口市场。另一方面,就企业的出口学习效应而言,企业进入出口市场之后,企业对开发区内优惠政策的过度依赖、补贴引致的寻租等行为会使得企业产生创新惰性,而创新能力是企业出口学习的前提和基础,从而影响企业对国外先进技术和管理经验的学习和吸收;此外,大量外资和出口企业在开发区内的集聚本身就会对潜在出口企业产生出口市场信息、先进技术和管理经验的溢出,因此当潜在出口企业进入出口市场之后,再通过自身学习所获得的进一步的额外收益相比之下就会减少,两种效应共同作用的结果是部分抵消了开发区内企业通过出口获得的生产率提升。

基于上述的分析,本章主要基于计量经济学的分析方法,对上述开发区政策影响异质性企业出口行为的作用机制进行实证检验。此外,考虑到长三角地区的开发区地处我国沿海地区,具有明显的区位优势,开发区的发展起步较早,一方面,长三角地区的开发区无论是在发展质量还是发展速度方面都处于全国领先的地位,另一方面,长三角地区开发区发展中遇到的一些问题也可能是前所未有的、具有其独特性,因此,本书的研究也主要聚焦于长三角地区(沪苏浙皖三省一市)的开发区。具体而言,本章主要基于 1998—2013 年(不包括 2010 年)的制造业企业数据,聚焦于长三角地区 110 家国家级开发区和 323 家省级开发区,通过比较开发区内外企业出口选择和出口学习的异质性,从总体上检验开发区政策如何作用于异质性企业的出口行为。一方面,本章的研究为开发区出口导向型政策的有效性提供了来自微观企业层面的经验支撑;另一方面,揭示了开发区内企业出口选择和出口学习效应,丰富了异质性企业贸易理论的经验证据。本章的实证结果显示,开区内新出口企业在出口前一期的生产率显著低于非出口企业,说明开发区内生产率低的企业进入出口市场,而开发区外企业出口完全符合异质性企业贸易理论的预期,即生产率高的企业进入出口市场,从而存在企业出口的自我选择效应;此外,开发区内外企业出口均能够带来生产率的提高,从而存在显著的学习效应,但开发区内出口企业的学习效应要弱于开发区外的企业。

第二节　计量模型、指标选取、方法介绍和数据来源

一、计量模型

基于前面的分析，本书分别从企业出口选择和出口学习两个方面来检验开发区对企业出口行为的影响。参考 Baldwin 和 Gu(2003)及 Wagner(2007)的研究，本书根据企业的出口状态将其分成四类，分别是非出口企业、开始出口企业、持续出口企业和退出出口企业，将非出口企业作为基准组来对比出口企业在出口前后的生产率情况以识别出口选择效应和出口学习效应。在此基础上本书构造企业是否在开发区的虚拟变量，将其加入模型，通过其与企业出口状态虚拟变量的交互项来检验开发区政策的影响。首先我们构造出口选择效应的实证分析模型，具体如下：

$$\begin{aligned}TFP_{it-1}=&\beta_0+\beta_1 Start_{it}+\beta_2 Continue_{it}+\beta_3 Exit_{it}+\beta_4 Start_{it}\\&\times Sez_{it-1}+\beta_5 Continue_{it}\times Sez_{it-1}+\beta_6 Exit_{it}\times Sez_{it-1}\\&+\beta_7 Sez_{it-1}+\gamma X_{it-1}+\mu_j+\eta_r+\theta_t+\xi_{it}\end{aligned} \quad (5.1)$$

模型中 i 表示企业，t 表示时间，被解释变量为滞后期的企业全要素生产率，主要解释变量为反映企业出口状态变动的虚拟变量，$Start$ 为开始出口企业，即企业上一期不出口而当期开始出口，$Continue$ 为持续出口企业，即企业上一期出口而当期也仍然出口，$Exit$ 为退出出口企业，即企业上一期出口而当期不出口。从三者的系数可以分析企业生产率水平对出口决策的影响，其中 $Start$ 的系数主要反映了选择效应，如果其系数为正，说明与非出口企业相比，开始出口的企业在出口之前具有较高的生产率，存在出口选择效应，如果为负，则说明企业出口并不需要较高的生产率作为支撑。同理，$Continue$ 和 $Exit$ 的系数则分别反映了在出口市场持续存在的企业和从出口市场退出的企业相比非出口企业在前期所具有的生产率水平。与现有文献不同的是，本书主要考察我国的开发区政策对

异质性企业贸易行为的影响,因此构造了开发区虚拟变量 Sez,并将其与企业出口状态虚拟变量的交互项加入模型,从而识别开发区政策对异质性企业出口行为的改变,模型中 β_4 是本书重点考察的系数,预期为负,表示开发区会削弱生产率对企业出口的决定作用,开发区内的低生产率企业会进入出口市场。对于模型中的其他参数,X 代表主要的控制变量,这里考虑了企业的规模大小、资本劳动比、工资水平、企业在样本期内的存续时间以及所有制属性等其他特征,μ_j、η_r 和 θ_t 则分别表示企业所在的行业效应、地区效应及年份时间效应,ξ_{it} 为随机扰动项。

$$\Delta TFP_{it} = \beta_0 + \beta_1 Start_{it} + \beta_2 Continue_{it} + \beta_3 Exit_{it} + \beta_4 Start_{it} \\ \times Sez_{it-1} + \beta_5 Continue_{it} \times Sez_{it-1} + \beta_6 Exit_{it} \times Sez_{it-1} \\ + \beta_7 Sez_{it-1} + \gamma X_{it-1} + \mu_j + \eta_r + \theta_t + \xi_{it} \qquad (5.2)$$

与此类似,反映企业出口学习效应的模型构造如式(5.2)所示,与式(5.1)不同,式(5.2)中被解释变量为企业生产率的增长率,这里仍然关注虚拟变量 $Start$ 在方程中的偏效应,此时其反映的是,与非出口企业相比,企业在开始出口之后所能够获得的生产率提升,而 $Start$ 虚拟变量与开发区虚拟变量交互项的系数则反映了开发区政策对出口学习效应的影响。根据前文分析,预期该系数为负,开发区政策会在一定程度上抑制出口对生产率的促进作用。另外,虚拟变量 $Continue$ 和 $Exit$ 的偏效应则能够识别已经进入出口市场的企业在继续出口和退出出口之后的生产率变化情况,如果企业退出出口市场之后生产率会有所下降,也从另一方面说明了出口学习效应的存在,模型中也加入了开发区虚拟变量与这两类虚拟变量的交互项。

二、指标选取

本书的实证设计建立在对异质性企业出口行为考察的基础上。参考已有研究,主要采用 OP 方法(Olley and Pakes,1996)计算企业的全要素生产率(TFP_op),同时也计算了企业的劳动生产率($Productivity$,工业增加值除以从业人员数)作为补充,计算过程中使用的工业增加值、产品销售额和工资、固定资产净值余额分别用企业所在省份的工业品出厂价格指数、居民消费价格指数、固定资产投资价格指数进行了平减。对于反映企业出口状态变动的虚拟变量 $Start$、$Continue$ 和 $Exit$ 的定义，用 $Export_{it}$ 表示企业当年是否出口，那么当 $Export_{it}=1$ 且 $Export_{it-1}=0$，$Start_{it}=1$，否则为 0；当 $Export_{it}=1$ 且 $Export_{it-1}=1$，$Continue_{it}=1$，否则为 0；当 $Export_{it}=0$ 且 $Export_{it-1}=1$，$Exit_{it}=1$，否则为 0。对于开发区企业的识别（具体的过程参见下文的数据来源部分）如下：如果第 n 年（$n=1998,\ldots,2013$）企业位于第 n 年及以前成立的开发区内则为开发区企业，否则为非开发区企业。

对于模型中其他的控制变量，用企业员工人数的对数值来表示企业规模（$Size$），用企业总资产与就业人数比值的对数值来表示资本－劳动比（$Cappc$），用人均应付工资总额的对数值表示企业的工资水平（$Wage$），用年份减去企业在样本中第一次出现的年份再加 1 并取对数来表示企业的存续时间（$Duration$），用企业的利润总额除以产品销售收入表示企业的盈利能力（$Profitability$），用企业应交所得税除以产品销售收入反映企业的纳税能力或者税收负担（$Taxability$），同时构造企业是否属于外资企业的虚拟变量（FOE）代表企业的所有制特征，本书根据企业注册类型识别企业所有制类型，将"外资、港澳台地区独资、中外合资（合作）经营企业、港澳台地区与大陆（内地）合作经营企业"定义为外资企业，其他为内资企业。此外，在模型中还通过加入企业所在两位数行业的虚拟变量、所在地级市的虚拟变量和年份虚拟变量来控制行业效应、地区效应和时间效应。表 5.1 给出了本书实证分析所用到的主要变量的描述性统计结果。

表 5.1　　　　　　　　主要变量的统计性质

变量	全样本 Exporters Mean	S.D	全样本 Non-Exporters Mean	S.D	开发区样本 Exporters Mean	S.D	开发区样本 Non-Exporters Mean	S.D	非开发区样本 Exporters Mean	S.D	非开发区样本 Non-Exporters Mean	S.D
TFP_op	3.312	0.828	3.196	0.969	3.357	0.910	3.212	1.00	3.308	0.82	3.20	0.97
$Productivity$	3.944	0.979	3.888	1.072	4.129	1.087	4.024	1.11	3.928	0.97	3.880	1.07

续表

变量	全样本 Exporters Mean	S.D	全样本 Non-Exporters Mean	S.D	开发区样本 Exporters Mean	S.D	开发区样本 Non-Exporters Mean	S.D	非开发区样本 Exporters Mean	S.D	非开发区样本 Non-Exporters Mean	S.D
Size	5.009	1.011	4.403	0.952	5.154	1.036	4.468	0.98	4.996	1.01	4.399	0.95
Wage	7.546	1.157	6.758	1.052	7.863	1.231	7.018	1.11	7.518	1.15	6.742	1.05
Cappc	3.666	1.255	3.548	1.252	4.061	1.304	3.863	1.34	3.631	1.25	3.529	1.24
Duration	1.415	0.489	0.863	0.686	1.461	0.494	0.876	0.70	1.411	0.49	0.862	0.68
FOE	0.269	0.444	0.101	0.301	0.437	0.496	0.203	0.40	0.254	0.44	0.094	0.29
Profitability	0.037	0.150	0.012	4.724	0.042	0.124	0.033	0.24	0.037	0.15	0.011	4.87
Taxability	0.008	0.021	0.008	0.018	0.009	0.015	0.009	0.02	0.008	0.02	0.008	0.02

注：表中的均值（Mean）和标准差（S.D）均为 t 检验的结果，连续型且大于 1 的变量均为对数形式。

资料来源：作者整理得到。

三、数据来源

本书所使用的微观企业数据来自由国家统计局建立的 1998—2013 年（不包括 2010 年）的中国工业企业数据库。包含所有国有企业以及规模以上的非国有企业，收录的企业占中国工业总产值的 90% 左右，数据库包括的行业为"国民经济行业分类"中的"采掘业""制造业"（占 90% 以上）以及"电力、燃气及水的生产和供应业"，本书以制造业企业为研究对象，故只包含行业代码 13～43 的行业，采矿业和电力、燃气及水的生产和供应业不在本书的研究范围之内。此外，为了避免企业进入退出带来的影响，本书在实证分析中使用的样本为连续存在两年及以上的企业，同时，对于出口企业，也将样本限定为新出口企业，即在研究的样本期内才进入出口市场的企业，并且企业第一次出口的年份大于企业第一次在样本中出现的年份。该数据库包含企业的联系方式信息、地址信息、行业信息、产品信息以及会计信息等 100 多个指标，能够很好地满足识别开发区企业、计算企业的全要素生产率、识别企业的出口状态等研究需要。此外，2011 年以前，该数据中的规模以上的非国有企业主要是主营业务收入（销售额）在 500 万元以上，从 2011 年开始，该标准改为 2 000 万元及以上,考虑到本书的实证数据为非平衡的面板数据,这并不会影响本书的研究结果。

工业企业数据库并不能直接用来做经济分析,在此之前,还需要对数据库中存在的异常值、缺失值、企业不能逐年匹配等问题进行处理。接下来,详细介绍本书的数据处理过程。参考已有学者的做法和本书的研究需要,本书对这三个方面问题的处理如下:

第一,对于异常值的处理,参考 Cai 和 Liu(2009)、Brandt 等(2012,2014)、聂辉华等(2012)等的研究,删除了工业增加值、员工人数、产品销售收入、工业总产值(现价)、固定资产净值年平均余额、固定资产总额、本年应付工资总额小于 0 的样本,以及不符合如下会计准则的样本:总资产小于流动资产,总资产小于固定资产,累计折旧小于本年折旧。此外,对于删除后的数据,基于实证模型中所使用的变量做了 1% 的双向截尾处理。

第二,对于缺失值问题,由于 2001 年、2004 年以及 2008 年到 2013 年缺乏工业增加值,我们按照以下公式对缺失值进行了估算,2001 年和 2004 年工业增加值＝工业总产值－工业中间投入＋增值税,对于 2008 到 2013 年增加值的计算方法我们参考了陈诗一和陈登科(2017)的做法,通过 1998—2007 年工业增加值占工业总产值的比例的平均值乘以 2008 年到 2013 年各年的工业总产值推算出 2008 年到 2013 年的工业增加值,作者认为 1998 年到 2007 年工业增加值占工业总产值的比例十分稳定,故可以这么做。此外,由于工业企业数据库中缺少固定资产投资的数据,借鉴已有学者的做法(陈诗一和陈登科,2017;聂辉华和贾瑞雪,2011),本书使用文献中最常用的永续盘存法计算企业固定资产投资:$I_{it}=K_{it}-(1-\delta)K_{it-1}$,其中,折旧率通常的取值为 5%、10% 和 15%,为了比较不同折旧率带来的影响,本书分别选取上述三种折旧率计算固定资产投资,发现结果并没有太大区别,最终本书将折旧率设为 15%。

第三,对于不同年份企业的匹配问题,本书主要参照了 Brandt 等(2012)的方法。Brandt 等(2012)公布的企业匹配代码中只匹配了

1998—2006 年的数据,在此基础上,本书对代码进行修改(最终形成了包括 1 000 多行代码的 do 文件),逐年匹配了 1998 年到 2013 年(不包括 2010 年)的数据。具体做法如下:首先根据企业代码匹配,并删除每一年的重复值,对于未匹配成功的企业和重复值样本再根据企业名称匹配。依此类推,对于在上一步未匹配成功的企业分别在下一步根据"法人代表姓名+行政区划代码前四位""行政区划代码前四位+产业代码+电话号码""企业成立年份+行政区划代码前六位+产业代码前四位+企业所在乡镇+企业的主营产品 1"生成的新代码匹配,最后得到了连续两年匹配成功的样本。在此基础上,生成一个非平衡的三年的样本,最后通过"企业代码+产品销售收入+从业人数+利润额"构成的新代码对上述非平衡的三年样本逐个匹配,得到一个 16 年(1998—2013 年)的非平衡面板数据。值得强调的是,为了降低企业进入退出的影响以及出口选择行为的影响,本书最终用于实证分析的数据是连续存在两年及以上的非出口企业和新出口企业构成的非平衡面板数据。

第三节 实证结果分析

一、基准实证结果

与前面的理论分析相呼应,这部分主要从企业出口选择效应和出口学习效应两个方面展开分析。通过比较开发区内外不同生产率企业的出口选择行为以及出口企业通过出口学习带来的生产率提升行为的异同,来验证前文中提出的开发区对异质性企业出口行为的作用机制是否成立。

(一)企业出口选择行为

在前文分析的基础上,这里根据式(5.1)和式(5.2)的计量模型分别从出口选择效应和出口学习效应两个方面实证检验长三角地区开发区政策对异质性企业出口行为的影响。表 5.2 显示了以企业全要素生产率的滞后项作为被解释变量的回归结果,此时可以对比不同出口状态企业前期的生产率情况,从而识别出口选择效应。本书基础实证模型的滞后期时间窗口为1年,即通过企业在 t 期和 $t-1$ 期的数据对其出口类型进行识别并比较 $t-1$ 期的生产率大小,结果如列(1)至(3)所示。这里我们主要基于OP方法计算得到的全要素生产率进行分析,列(1)显示了不考虑开发区影响的全样本估计结果,可以发现此时 $Start$ 的系数为正且显著性水平为1%,总体来看,开始出口企业在出口之前的生产率水平显著高于非出口企业,与理论上所强调的高生产率企业选择进入出口市场的情况一致。

表 5.2　　　　　　　　基础回归结果(企业出口选择行为)

变量	OP方法计算的生产率 (1)	劳动生产率 (2)	劳动生产率 (3)	OP方法计算的生产率 (4)	OP方法计算的生产率 (5)	劳动生产率 (6)
$Start$	0.026***	0.030***	0.030***	0.026***	0.028***	0.030***
	(0.007)	(0.008)	(0.008)	(0.007)	(0.008)	(0.008)
$Continue$	0.094***	0.096***	0.096***	0.094***	0.076***	0.096***
	(0.006)	(0.007)	(0.007)	(0.006)	(0.006)	(0.007)
$Exit$	0.026**	0.027**	0.027**	0.026**	0.024**	0.027**
	(0.012)	(0.012)	(0.012)	(0.012)	(0.012)	(0.012)
$Size$	−0.607***	−0.605***	−0.786***	−0.607***	−1.162***	−0.786***
	(0.005)	(0.005)	(0.005)	(0.005)	(0.013)	(0.005)
$Wage$	0.542***	0.535***	0.535***	0.542***	0.519***	0.535***
	(0.004)	(0.004)	(0.004)	(0.004)	(0.004)	(0.004)
$Cappc$	−0.208***	−0.208***	0.211***	−0.208***	−0.215***	0.211***
	(0.002)	(0.002)	(0.002)	(0.002)	(0.002)	(0.002)
$Duration$	0.066***	0.068***	0.068***	0.066***	0.078***	0.068***
	(0.003)	(0.003)	(0.003)	(0.003)	(0.003)	(0.003)
FOE	0.077***	0.068***	0.068***	0.077***	0.076***	0.068***
	(0.006)	(0.006)	(0.006)	(0.006)	(0.006)	(0.006)
$Start \times Sez$		−0.060**	−0.060**		−0.059**	−0.060**
		(0.030)	(0.030)		(0.029)	(0.030)

滞后期窗口:1年

续表

变量	滞后期窗口:1 年					
	OP 方法计算的生产率		劳动生产率	OP 方法计算的生产率		劳动生产率
	(1)	(2)	(3)	(4)	(5)	(6)
$Continue \times Sez$		−0.044*	−0.044*		−0.043*	−0.044*
		(0.025)	(0.025)		(0.025)	(0.025)
$Exit \times Sez$		−0.019	−0.019		−0.023	−0.019
		(0.045)	(0.045)		(0.045)	(0.045)
Sez		−0.673***	−0.673***		−0.602***	−0.673***
		(0.062)	(0.062)		(0.060)	(0.062)
开发区类型	控制	控制	控制	控制	控制	控制
$Year$				控制	控制	控制
$City$	控制	控制	控制	控制	控制	控制
$Industry$				控制	控制	控制
$Industry \sharp Year$	控制	控制	控制	控制	控制	控制
N	231 861	231 861	231 861	231 861	231 861	231 861

注:系数下方括号内数值为其稳健标准误,* 表示在 10% 显著性水平下显著,** 表示在 5% 显著性水平下显著,*** 表示在 1% 显著性水平下显著。表中除出口状态变量以外的变量均为其滞后一期的值,绝对值大于 1 的连续型控制变量均取了对数,$Year$ 为年份固定效应,$City$ 为企业所在城市表示的地区固定效应,$Industry$ 为行业固定效应,$Industry \sharp Year$ 为企业所属的两位数行业代码和年份的联合固定效应,N 为观测值,上述结果是以长三角地区的开发区为样本获得的。

列(2)加入了反映企业出口类型的虚拟变量 $Start$、$Continue$、$Exit$ 与开发区虚拟变量 Sez 的交互项,以检验在开发区内外企业的出口选择行为是否存在异同。此时 $Start$ 的系数反映了开发区外的出口企业在开始出口前与非出口企业的生产率差异,根据结果,其系数在 1% 的水平下显著为正(系数值为 0.030),说明非开发区企业的出口选择完全符合新新贸易理论高生产率企业出口的预期。模型中交互项 $Start \times Sez$ 的系数为负值且在 5% 的水平下显著,表明开发区降低了新出口企业在出口前相对于非出口企业的生产率溢价,降低了开发区内企业出口的生产率门槛,减弱了生产率对企业出口选择的支撑作用,而且通过计算可以得到开发区样本 $Start$ 的偏效应为 −0.030(0.030 − 0.060),在开发区内,低生产率企业具有较高的出口倾向,新出口企业在开始出口之前的生产率相比非出口企业甚至要更低,出现了低生产率企业出口的悖论。列(3)显示了被解释变量为劳动生产率时的回归结果,结论与使用 OP 方法计算的生产率完全一致,开发区外样本的 $Start$ 的系数显著为正,而开发区内企业的 $Start$ 的系数显著为负。本书的实证估计结果与前文理论假说相一致,开发区是影响异质性企业出口行为的一项重要因素,开发区所具有的一系列优惠措施特别是针对企业出口的财政补贴和税收减免以及区内企业集聚带来的溢出效应能够提高企业的出口偏好,同时降低企业出口的生产率门槛,从而使得相对低生产率的企业有更大的可能进入出口市场。正如结果所示,开发区政策是使得企业出口的生产率临界值低于进入国内市场临界值,进而使得低生产率的企业进入出口市场的重要原因,而开发区外的样本则遵循了高生产率企业出口的选择效应。

此外,列(2)和列(3)中 $Continue$ 和 $Exit$ 的系数显著为正,而交互项 $Continue \times Sez$ 和 $Exit \times Sez$ 的系数都为负(前者在 10% 的水平上显著,而后者不显著),表明对已经从事出口的企业,无论是继续维持出口或者退出出口市场,开发区都降低了其在前期决策时所需的相对生产率水平。表 5.2 中其他控制变量的估计结果与大部分学者的研究相一致,模型(1)至(6)均显示企业规模在 1% 的水平上显著为负,可见规模大的企业并不一定具有较高的生产效率。与此相反,工资的系数在所有的模型设定中显著为正,可以说工资水平与工人的技能正相关,高技能工人也会相应地获得较高的工资,所以工资水平在一定程度上反映了企业的人力资本水平,工资显著为正的系数也表明了人力资本与企业的生产率正相关。企业规模和员工工资的回归结果说明,与扩大规模相比,企业更应该致力于人力资本水平的投资。人均资本的系数在上述 6 个模型设定中并不一致,模型(1)、(2)、(4)和(5)中,人均资本的系数显著为负,表明人均资本水平越高的企业,其全要素生产率水平反而越低,而模型(3)和(6)中人均资本的系数却显著为正,说明企业的人均资本越高,劳动生产率越高,可见较高的人均资本不一定能够提高企业的全要素生产率,却有利于促进企业的劳动生产率,这主要是因为在计算全要素生产率时已经控制了资本的影响。此外,企业在样本中的存续时间以及外资虚拟变量的系数均显著为正,可见生存时间越长的企业以及外资企业都具有明显的生产率优势,长期来看,生产率是企业竞争力的重要体现,企业的存续时间长也反映了其具有较高的市场竞争力,而外资企业往往是具有较强全球资源配置能力的跨国集团,其生产率水平往往会高于内资企业。

(二)企业出口学习行为

接下来继续考察开发区对企业出口学习行为的影响。结果如表 5.3 所示,此时模型的被解释变量为企业从 $t-1$ 期到 t 期的生产率增长率,考虑到企业生产率的变化可能存在收敛效应,从而前期的生产率会同时影响企业出口状态和被解释变量,为避免由此带来的偏误,在模型中控制了生产率的滞后项。列(1)仍然显示了没有加入开发区变量的全样本估计结果,可以发现 $Start$ 和 $Continue$ 的系数为正且在 1‰ 的水平下显著,$Exit$ 的系数为负,说明从事出口对企业生产率的提高有明显的促进作用,与非出口企业相比,出口企业的生产率增长更快,而当企业退出出口市场之后,生产率则会有所下降。前文的分析显示,长三角地区存在显著的出口选择效应,同样,出口学习效应在总体上也十分显著。如果比较变量系数的绝对值大小,$Start$ 的系数值为 0.047,$Continue$ 的系数值为 0.043,企业的出口学习存在边际效应的递减,新出口企业在刚开始进入出口市场之后,生产率能够获得较大幅度的提高,而之后持续出口所带来的边际效率提升则逐渐减小。

表 5.3 基础回归结果(企业出口学习行为)

变量	滞后期窗口:1 年			滞后期窗口:2 年		
	OP 方法		劳动生产率	OP 方法		劳动生产率
	(1)	(2)	(3)	(4)	(5)	(6)
$LagTFP$	−0.326***	−0.321***	−0.317***	−0.434***	−0.438***	−0.431***
	(0.002)	(0.002)	(0.002)	(0.003)	(0.003)	(0.003)
$Start$	0.047***	0.051***	0.040***	0.074***	0.076***	0.064***
	(0.005)	(0.005)	(0.006)	(0.006)	(0.006)	(0.006)

续表

变量	滞后期窗口:1年			滞后期窗口:2年		
	OP方法		劳动生产率	OP方法		劳动生产率
	(1)	(2)	(3)	(4)	(5)	(6)
$Continue$	0.043***	0.044***	0.026***	0.069***	0.068***	0.032***
	(0.004)	(0.005)	(0.005)	(0.006)	(0.006)	(0.007)
$Exit$	−0.002	0.003	0.008	−0.002	0.000	−0.002
	(0.009)	(0.009)	(0.010)	(0.011)	(0.011)	(0.012)
$Size$	0.001	0.006**	0.059***	0.009**	0.012***	0.103***
	(0.003)	(0.003)	(0.004)	(0.004)	(0.004)	(0.005)
$Wage$	0.014***	0.012***	−0.040***	0.002	−0.003	−0.083***
	(0.002)	(0.002)	(0.003)	(0.003)	(0.003)	(0.004)
$Cappc$	0.000	0.043***	0.058***	0.010***	−0.031***	−0.027***
	(0.001)	(0.002)	(0.001)	(0.002)	(0.005)	(0.005)
$Duration$	−0.042***	−0.045***	−0.082***	−0.046***	−0.044***	−0.064***
	(0.002)	(0.002)	(0.006)	(0.003)	(0.003)	(0.003)
$Profitability$	0.004	0.003	0.006		−0.002	0.002
	(0.008)	(0.007)	(0.007)		(0.004)	(0.004)
$Taxability$	0.374*	0.394*	0.586**		0.232**	0.549***
	(0.204)	(0.218)	(0.259)		(0.116)	(0.174)
FOE	0.029***	0.033***	0.054***	0.049***	0.046***	0.071***
	(0.004)	(0.004)	(0.004)	(0.005)	(0.005)	(0.006)
$Start \times Sez$		−0.032*	−0.051**		−0.045**	−0.057**
		(0.019)	(0.021)		(0.023)	(0.025)
$Continue \times Sez$		−0.016	−0.017		0.010	−0.000
		(0.016)	(0.018)		(0.023)	(0.024)
$Exit \times Sez$		−0.052	−0.051		−0.046	−0.055
		(0.033)	(0.037)		(0.046)	(0.049)
Sez		−0.230***	−0.265***		−0.268***	−0.325***
		(0.037)	(0.040)		(0.050)	(0.053)
开发区类型	控制	控制	控制	控制	控制	控制
$Year$	控制	控制	控制	控制	控制	控制
$County$	控制	控制	控制	控制	控制	控制

续表

变量	滞后期窗口:1年			滞后期窗口:2年		
	OP方法		劳动生产率	OP方法		劳动生产率
	(1)	(2)	(3)	(4)	(5)	(6)
Industry	控制	控制	控制	控制	控制	控制
Industry♯Year	控制	控制	控制	控制	控制	控制
N	359 700	359 700	359 700	233 868	232 159	232 159

注:系数下方括号内数值为其稳健标准误,* 表示在10%显著性水平下显著,** 表示在5%显著性水平下显著,*** 表示在1%显著性水平下显著。表中除出口状态变量以外的变量均为其滞后一期的值,绝对值大于1的连续型控制变量均取了对数,$Year$ 为年份固定效应,$County$ 为企业所在县区表示的地区固定效应(无论控制 $County$ 还是 $City$ 固定效应,对结果都没有影响),$Industry$ 为2位数行业代码表示的行业固定效应,$Industry♯Year$ 为企业所属的两位数行业代码和年份的联合固定效应,N 为观测值,上述结果是以长三角地区的开发区为样本获得的。

在此基础上表5.3进一步识别开发区对企业出口学习效应的影响。根据列(2)中的结果,$Start$ 和 $Continue$ 的系数仍显著为正,而两者与开发区虚拟变量的交互项 $Start \times Sez$ 和 $Continue \times Sez$ 的系数都为负,但是后者不显著,可见开发区政策降低了出口对企业生产率带来的额外提升。正如前文中我们所分析的,开发区的优惠措施在提高企业出口概率的同时,事实上也为企业创造了一个竞争压力较小的环境,这会在一定程度上造成企业生产和管理上的创新惰性,削弱企业通过不断学习和创新来提高自身竞争力的积极性,从而限制了出口的生产率提升作用。从变量的系数值来看,非开发区新出口企业的生产率在出口之后获得了较快的提升,增长率相比非出口企业高出了5.1个百分点,而在开发区内,虽然出口的学习效应会受到一定的抑制,但 $Start$ 的系数 0.019(0.051—0.032)也还是正值,企业开始进入出口市场后仍然会对生产率带来正向的影响,使其增长率比非出口企业高出1.9个百分点。另外交互项 $Continue \times Sez$ 以及 $Exit \times Sez$ 的系数不显著,前者说明持续出口企业的生产率溢价在开发区内外没有显著的差别,后者说明企业产品和管理上的改善具有一定的黏性,开发区企业出口时的收益较小,而当企业不再出口时,生产率也会维持在较低的水平,从而企业退出出口后的生产率变化在开发区内外没有明显差异。使用劳动生产率作为被解释变量以及调整滞后期的时间窗口,结果基本没有改变,主要结论仍然成立。

二、稳健性检验

(一)基于出口概率模型的估计结果

基于前文的估计结果,开发区内新出口企业进入出口市场前的生产率低于非出口企业,从而出现了低生产率企业从事出口的现象。为检验文章所得结论的稳健性,这里主要基于研究企业出口决策行为时常采用的出口概率模型进一步识别开发区对企业出口选择效应的影响。模型中被解释变量为企业是否出口的二元虚拟变量,主要解释变量为滞后期的企业生产率水平及其与开发区虚拟变量的交互项,采用 Logit 方法估计的模型基本形式如下:

$$P(Export_{it}=1)=\Lambda(TFP_{it-1}, TFP_{it-1} \times Sez_{it-1}, Sez_{it-1}, Control_{it-1}, \mu_j, \eta_r, \theta_t, \xi_{it}) \tag{5.3}$$

表 5.4 的第 2 列显示了全样本不考虑开发区作用的滞后期窗口为 1 年的 Logit 估计结果。可以发现,使用 OP 方法计算的全要素生产率 (TFP) 的系数显著为正,这说明从全样本来看,生产率越高的企业,出口的概率越大,符合异质性企业贸易模型的理论预期。为了进一步验证开发区对异质性企业出口行为的影响,第 3 列加入了生产率与开发区虚拟变量的交互项 $TFP \times Sez$,结果显示 TFP 的系数显著为正而其与开发区虚拟变量交互项 $TFP \times Sez$ 的系数显著为负,且后者的绝对值大于前者,从而说明开发区的确影响了异质性企业的出口选择行为。同时,上述发现再次证明了本书前面得到的结论,开发区外的样本遵循了出口选择效应,企业生产率越高,出口概率越大,而在开发区内,生产率不再是出口的必要条件,呈现出了低生产率企业从事出口的与异质性企业贸易理论预期相反的结论。为了证明出口概率模型估计结果的稳健性,表 5.4 的第 4 列和第 5 列将滞后期窗口调整为 2 年,得出了与滞后期窗口为 1 年

时较为一致的结论,相对于开发区外的企业,开发区内出口企业具有更低的生产率,这样的关系也表明了开发区政策是造成低生产率企业出口的一项重要因素。

表 5.4　　　　　　　基于出口概率模型的估计结果

变量	Logit 估计:滞后期窗口为 1 年 被解释变量:企业是否出口（OP 方法）		Logit 估计:滞后期窗口为 2 年 被解释变量:企业是否出口（OP 方法）	
TFP	0.058*** (0.014)	0.067*** (0.014)	0.061*** (0.015)	0.069*** (0.016)
$TFP \times Sez$		−0.103*** (0.038)		−0.110** (0.046)
Sez		0.356*** (0.130)		0.380** (0.154)
$Size$	0.350*** (0.024)	0.349*** (0.024)	0.392*** (0.027)	0.391*** (0.027)
$Wage$	0.223*** (0.023)	0.225*** (0.023)	0.157*** (0.025)	0.158*** (0.025)
$Cappc$	0.064*** (0.009)	0.064*** (0.009)	0.098*** (0.010)	0.098*** (0.010)
$Duration$	0.422*** (0.015)	0.422*** (0.015)	0.312*** (0.016)	0.312*** (0.016)
$taxability$	−3.707*** (0.714)	−3.719*** (0.713)	−4.288*** (0.773)	−4.328*** (0.774)
$profitability$	−0.333*** (0.100)	−0.321*** (0.099)	−0.264** (0.120)	−0.247** (0.121)
FOE	1.135*** (0.025)	1.097*** (0.020)	1.160*** (0.027)	1.159*** (0.028)
SOE	−0.909*** (0.090)	−0.752*** (0.047)	−0.910*** (0.093)	−0.910*** (0.093)

注:系数下方括号内数值为其稳健标准误,* 表示在 10% 显著性水平下显著,** 表示在 5% 显著性水平下显著,*** 表示在 1% 显著性水平下显著。表中除出口状态变量以外的变量均为其滞后一期的值,绝对值大于 1 的连续型控制变量均取了对数,上述结果是以长三角地区的开发区为样本获得的,上述回归模型中同样控制了行业年份联合固定效应和地区(企业所在地级市)固定效应以及开发区类型。

(二)基于近邻匹配方法的估计结果

除了一般的回归估计模型,在政策评价领域常用的匹配估计方法也越来越多地用于分析异质性企业出口行为(特别是对企业出口学习效应进行识别)。回归模型由于具有较强的参数化假设,容易因模型设置问题而带来估计和检验结果的偏误,而非参数的匹配估计方法则相对具有更强的稳健性,这里也基于匹配法检验本书的结论。匹配估计的思想是通过一定的方法从控制组中筛选出与处理组样本最为相似的数据,并与处理组数据比较以识别某项政策的效应。本书定义处理组企业为样本中的新出口企业,控制组则为样本期内一直没有出口的非出口企业。现有研究多采用倾向得分匹配(Propensity Score Matching)筛选控制组企业,首先通过概率选择模型得到企业出口的概率值,在此基础上筛选出与出口企业概率得分最近的非出口企业。然而倾向得分匹配依然需要对概率选择的 Logit 或 Probit 模型来进行设定,因此这里采用 Abadie 和 Imbens(2006)提出的最近相邻匹配估计(Nearest Neighbor Matching)来进行分析,即寻找与出口企业特征协变量距离最近的非出口企业。参考张杰等(2016)的研究,本书对时间年份进行了精确匹配。

通过将样本分为非开发区企业和开发区企业,并分别对出口企业在出口第 1 年、出口第 2 年和出口第 3 年的生产率状况与非出口企业匹配估计得到平均处理效应值(Average Treatment Effect,ATE),我们便可以识别开发区政策对企业出口学习效应的影响。需要说明的是,对于企业出口后的学习效应的估计,这里将对应出口时间的生产率相对于出口前生产率的变动值而不是当期水平值作为结果变量,这样构造的匹配双重差分估计更加准确。根据表 5.5 中近邻匹配方法估计的结果,本书的结论仍然显著成立。当企业进入出口市场之后,非开发区样本的学习效应显著存在,使得企业生产率相对非出口企业获得了更快的提升,而对开发区样本,这种提升要小于非开发区样本。

表 5.5　　　　　　　　　　基于近邻匹配方法的估计结果

出口相应时间	结果变量	非开发区样本 ATE	标准误	开发区样本 ATE	标准误
出口第 1 年	$\Delta TFP_1 = TFP_1 - LagTFP$	0.063***	0.020	0.051*	0.046
出口第 2 年	$\Delta TFP_2 = TFP_2 - LagTFP$	0.086***	0.025	0.049	0.058
出口第 3 年	$\Delta TFP_3 = TFP_3 - LagTFP$	0.106***	0.027	0.107*	0.072

注：表中 TFP_1、TFP_2 和 TFP_3 表示企业出口后第 1 年、第 2 年和第 3 年的生产率水平。而 ATE 表示的值则为匹配后出口企业相应的结果变量减去非出口企业相应结果变量的差值。

(三)考虑开发区选择效应的估计结果

在分析开发区所带来的影响时，一个不得不考虑的问题就是开发区样本自身也会存在选择效应。一方面这来自市场的优胜劣汰机制(王永进和张国峰，2016)，另一方面政府往往也会对开发区的企业进行一定的筛选，那些能够带来更多税收、具有更大的投资规模且对当地经济具有较大带动作用的企业一般会更加受到青睐。如果开发区的选择效应导致区内和区外企业的特征分布存在内生性的差异，那么异质性企业出口行为在开发区内外的变化可能并不完全来自开发区政策本身的影响，估计结果会存在一定的偏误。对此，这里主要参考处理选择效应常用的 Heckman 两阶段法来做进一步的检验。在第一阶段首先对企业进入开发区的概率选择模型进行估计，在此基础上构造逆米尔斯比率，并将其作为解释变量代入第二阶段的估计模型以控制选择偏差，从而识别开发区对企业出口生产率关系的影响。除了已有的控制变量，在第一阶段的选择模型中还控制了企业的应交所得税等变量，以反映政府偏好在开发区企业选择中可能存在的作用。需要说明的是，一般的 Heckman 模型在第二阶段只对处理组(即概率选择为 1 的样本)进行估计，而本书第二阶段的回归模型要同时使用开发区和非开发区的样本，需要分别构造两类样本的逆米尔斯比率。同时模型中还包含了开发区虚拟变量与企业出口状态的交互项，在这种情况下，Stata 软件中的 itreatreg 命令能较好地契合本书的研究需求,因此这里主要基于此命令来估计,结果如表 5.6 所示。① 模型中逆米尔斯比率 λ 的系数都在 1% 的水平下显著异于零,表明企业进入开发区存在一定的选择性偏差,而从解释变量的系数来看,本书所主要考察的交互项仍为负值。控制住其选择偏差后,开发区本身的效应仍然会对企业出口前所需的生产率门槛和出口之后的生产率增长产生负向的影响,从而降低了出口企业的生产率水平,文章的结论依然稳健,没有发生较大的改变。

表 5.6　　　　　　　考虑开发区选择效应的估计结果

变量	出口选择效应		出口学习效应	
	OP 方法	劳动生产率	OP 方法	劳动生产率
	(1)	(2)	(3)	(4)
$LagTFP$			−0.446***	−0.399***
			(0.003)	(0.003)
$Start$	0.025***	0.025***	0.085***	0.070***
	(0.008)	(0.008)	(0.008)	(0.011)
$Continue$	0.087***	0.087***	0.073***	0.031***
	(0.007)	(0.007)	(0.009)	(0.009)
$Exit$	0.019	0.019	−0.007	−0.010
	(0.013)	(0.013)	(0.012)	(0.013)
$Start \times Sez$	−0.089**	−0.089***	−0.061**	−0.066*
	(0.016)	(0.016)	(0.027)	(0.039)
$Continue \times Sez$	−0.093***	−0.093***	−0.032*	−0.030
	(0.014)	(0.014)	(0.028)	(0.024)
$Exit \times Sez$	−0.030	−0.030	0.010	−0.020
	(0.025)	(0.025)	(0.031)	(0.046)
Sez	1.892***	1.892***	1.611***	1.390***
	(0.102)	(0.102)	(0.031)	(0.207)
$Size$	−0.590***	−0.771***	−0.014***	0.043***
	(0.004)	(0.004)	(0.005)	(0.007)
$Cappc$	−0.220***	0.199***	−0.003	0.070***
	(0.002)	(0.002)	(0.002)	(0.003)

---

① 这里只列出了第二阶段的估计结果,第一阶段的估计结果没有列出,如有需要可向作者索取。

续表

变量	出口选择效应		出口学习效应	
	OP方法	劳动生产率	OP方法	劳动生产率
	(1)	(2)	(3)	(4)
Wage	0.500***	0.500***	−0.002	−0.053***
	(0.004)	(0.004)	(0.004)	(0.006)
Duration	0.083***	0.083***	−0.044***	−0.055***
	(0.003)	(0.003)	(0.004)	(0.007)
FOE	−0.019***	−0.019***	0.009	0.016
	(0.007)	(0.007)	(0.008)	(0.010)
λ	−0.921***	−0.921***	−0.698***	−0.588***
	(0.035)	(0.035)	(0.051)	(0.069)
开发区类型	控制	控制	控制	控制
行业效应	控制	控制	控制	控制
地区效应	控制	控制	控制	控制
年份效应	控制	控制	控制	控制
行业年份效应	控制	控制	控制	控制

注：系数下方括号内数值为其稳健标准误，*表示在10%显著性水平下显著，**表示在5%显著性水平下显著，***表示在1%显著性水平下显著。表中除出口状态变量以外的变量均为其滞后一期的值，绝对值大于1的连续型控制变量均取了对数，上述结果是以长三角地区的开发区为样本获得的。行业年份效应是指企业所属行业和年份的联合固定效应（下同）。

（四）考虑不同开发区类型的估计结果

上文的分析验证了我国的开发区政策在一定程度上扭曲了区内异质性企业的出口行为。如果进一步分析，我国的开发区发展也呈现出了多元化的特征，国家级开发区就存在经济技术开发区、高新技术开发区、保税区、出口加工区、边境合作区等多种类型。虽然各种开发区的政策一般都会涉及企业出口，但不同类型开发区在重点产业和发展定位方面仍然是有所侧重，相比而言，保税区和出口加工区的政策目标就更加偏向于企业对外贸易和外向型经济发展，这可能导致其影响与其他开发区存在差异。基于此，这里分样本检验了出口加工区和高新技术产业开发区在影响企业出口行为方面是否存在不同，以识别不同类型开发区作用效果的差异。

表 5.7 的列(1)和列(2)分别显示了出口加工区和高新技术产业开发区对出口选择效应的影响。这里主要采用 OP 方法计算的全要素生产率,根据列(1)和列(2)的估计结果,一次项企业出口状态变量 Start 和 Continue 的系数均显著为正,与前文结论一致,说明开发区外生产率高的企业出口。交互项 $Start \times Sez$ 的系数都显著为负,说明无论哪类开发区,都降低了新出口企业在开始出口前的生产率水平,使得更低生产率的企业进入了出口市场,进一步比较两个交互项系数的绝对值,可以发现列(1)中出口加工区样本中交互项系数的绝对值显著大于列(2)中高新区样本。这样的结果更加支持了本书的理论分析,由于开发区所具有的优惠政策和集聚效应能够提高出口的比较收益同时降低了出口的生产率门槛,因此出口会成为低生产率企业相对更优的选择。而相比其他类型的开发区(比如高新区),出口加工区的定位更加侧重于国际贸易,政策补贴和税收优惠具有更强的出口导向性且力度会更大。此外,区内更多出口企业集聚产生的溢出效应也更强,从而这类开发区会对企业出口的选择效应产生更大的影响。但对于企业的出口学习效应,这种关系不再成立,根据列(3)和列(4),出口加工区和高新区对企业出口带来的生产率提升均没有形成明显的抑制,两类开发区在积极推动企业进行对外贸易的同时,也在努力营造良性健康的出口环境,以提高企业自身学习创新的积极性和出口的可持续性。

表 5.7　　考虑不同开发区类型的估计结果

变量	出口选择效应(OP 方法)		出口学习效应(OP 方法)	
	出口加工区	高新区	出口加工区	高新区
	(1)	(2)	(3)	(4)
Start	0.016**	0.014*	0.030***	0.029***
	(0.007)	(0.007)	(0.009)	(0.009)
Continue	0.044***	0.048***	0.054***	0.054***
	(0.009)	(0.009)	(0.011)	(0.011)
Exit	0.011	0.013	−0.002	0.002
	(0.010)	(0.010)	(0.012)	(0.012)

续表

变量	出口选择效应(OP方法)		出口学习效应(OP方法)	
	出口加工区	高新区	出口加工区	高新区
	(1)	(2)	(3)	(4)
$Start \times Sez$	−0.405**	−0.132*	−0.108	−0.074
	(0.186)	(0.094)	(0.227)	(0.135)
$Continue \times Sez$	−0.189	−0.257*	0.343	−0.143
	(0.265)	(0.153)	(0.252)	(0.193)
$Exit \times Sez$	0.223	−0.270*	0.181	0.122
	(0.363)	(0.187)	(0.267)	(0.158)
$Size$	−0.875***	−0.871***	−0.133***	−0.141***
	(0.028)	(0.029)	(0.033)	(0.034)
$Cappc$	−0.338***	−0.403***	−0.019***	−0.029***
	(0.003)	(0.008)	(0.004)	(0.005)
$Wage$	0.239***	0.266***	0.018***	0.014**
	(0.005)	(0.005)	(0.005)	(0.006)
$Duration$	0.105***	0.105***	−0.049***	−0.045***
	(0.007)	(0.008)	(0.008)	(0.009)
$LagTFP$			−0.923***	−0.937***
			(0.006)	(0.006)
行业效应	控制	控制	控制	控制
地区效应	控制	控制	控制	控制
年份效应	控制	控制	控制	控制
行业年份效应	控制	控制	控制	控制

注：系数下方括号内数值为其稳健标准误，* 表示在10%显著性水平下显著，** 表示在5%显著性水平下显著，*** 表示在1%显著性水平下显著。表中除出口状态变量以外的变量均为其滞后一期的值，绝对值大于1的连续型控制变量均取了对数，上述结果是以长三角地区的开发区为样本获得的。高新区指高新技术产业开发区。

(五)考虑企业所有制异质性的分样本估计

在前文分析的基础上，这里主要基于企业所有制进行分样本检验。一方面，开发区政策的作用效果针对不同所有制企业可能存在差异，而另一方面，分样本估计也能够为本书的结果提供进一步的稳健性检验。现有研究已经论证了企业所有制特征对我国企业出口和生产率之间负向关系的解释作用(Lu et al.,2010)。虽然在基础回归中对企业的所有制进行了控制,但模型中加入了开发区的交互项并以此判断开发区的影响,如果开发区内和开发区外的企业在所有制分布上存在较大差异,那么仍可能会对估计结果造成一定的偏误。根据本书的样本,以 2013 年为例,开发区内出口企业中外资企业的比重为 61.41%,区外的外资企业比重则为 39.17%。因此在比较开发区内外企业出口和生产率关系的不同时,需要考虑由这种分布上的差异带来的影响以识别开发区政策的净效应,而这可以通过对不同所有制性质的子样本分别估计来实现。

根据表 5.8 的结果,在不同所有制子样本的估计中,对于企业的出口选择行为,模型(1)给出的外资企业生产率的系数以及生产率与开发区虚拟变量交互项的系数均显著为负。这说明,与大多数学者的研究相一致,外资企业往往是生产率较低的企业出口,而开发区进一步降低了外资企业进入出口市场的临界生产率水平,上述结果与现有研究强调外资企业能够解释我国企业"出口—生产率悖论"的观点相一致(Lu et al.,2010)。模型(2)给出的内资企业生产率的系数显著为正,生产率与开发区虚拟变量交互项的系数显著为负,且交互项系数的绝对值显著大于一次项系数的绝对值。可见对于内资企业而言,区外的企业符合高生产率企业出口选择效应,而开发区内产生了低生产率企业出口的现象。就出口学习效应而言,无论是对于外资企业样本还是内资企业样本,出口状态变量($Start$ 和 $Continue$)的系数均显著为正,而出口状态与开发区虚拟变量的交互项 $Start \times Sez$ 和 $Continue \times Sez$ 的系数仍都显著为负,剔除企业所有制分布差异的影响,开发区自身的作用仍是降低企业出口学习效应的一个重要因素。但是通过比较系数的大小可以发现,外资企业样本 $Start$ 的系数为 0.012,其与开发区交互项的系数为 -0.021,二者相加之后开发区的净效应为 -0.009,这说明开发区外的外资企业出口能够带来生产率的显著提升,而开发区内的外资企业并不存在出口学习效应。而内资企业样本 $Start$ 及其与开发区交互项的系数分别为 0.110、-0.042,二者相加之后得到的开发区的净效应为 0.068,说明开发区内外的内资企业出口都能促进生成率的提高,而开发区在一定程度上削弱了区内内资企业的学习效应。总之,上述结果表明,相对于内资企业,开发区对外资企业的出口学习具有更大的负向作用。外资企业作为国际贸易和外向型经济发展的主体,政府出口导向的政策支持往往会向其倾斜,同时外资企业对政府的政策补贴也会更加敏感,因此低生产率的外资企业有更大的可能进入出口市场。

表 5.8   分不同所有制样本估计结果

变量	不同所有制子样本估计			
	出口选择(Logit 模型)		出口学习	
	外资企业	内资企业	外资企业	内资企业
	(1)	(2)	(3)	(4)
TFP	−0.049**	0.091***	−0.284***	−0.283***
	(0.019)	(0.019)	(0.015)	(0.009)
$TFP \times Sez$	−0.096*	−0.129*		
	(0.051)	(0.070)		
$Start$			0.012**	0.110***
			(0.005)	(0.004)
$Continue$			0.053***	0.029***
			(0.003)	(0.002)
$Exit$			0.068***	−0.013***
			(0.005)	(0.004)
$Start \times Sez$			−0.021*	−0.042***
			(0.012)	(0.011)
$Continue \times Sez$			−0.018***	−0.019***
			(0.006)	(0.005)
$Exit \times Sez$			−0.074***	−0.001
			(0.013)	(0.012)
Sez	−0.303	0.755**	0.478***	0.763***
	(0.333)	(0.329)	(0.086)	(0.051)
$Size$	0.267***	0.265***	0.152***	0.185***
	(0.034)	(0.035)	(0.008)	(0.003)
$Cappc$	0.028**	0.164***	0.058***	0.070***
	(0.014)	(0.021)	(0.004)	(0.001)
$Wage$	0.159***	0.336***	−0.113***	−0.147***
	(0.032)	(0.030)	(0.007)	(0.002)
$Duration$	0.367***	0.241***	−0.063***	−0.066***
	(0.025)	(0.052)	(0.006)	(0.002)

续表

变量	不同所有制子样本估计				
	出口选择（Logit 模型）		出口学习	
	外资企业	内资企业	外资企业	内资企业
	（1）	（2）	（3）	（4）
开发区类型	控制	控制	控制	控制
行业效应	控制	控制	控制	控制
地区效应	控制	控制	控制	控制
年份效应	控制	控制	控制	控制
行业年份效应	控制	控制	控制	控制

注：系数下方括号内数值为其稳健标准误，* 表示在10％显著性水平下显著，** 表示在5％显著性水平下显著，*** 表示在1％显著性水平下显著。表中除出口状态变量以外的变量均为其滞后一期的值，绝对值大于1的连续型控制变量均取了对数，上述结果是以长三角地区的开发区为样本获得的。

三、进一步检验：来自全国层面的经验证据[①]

本书主要以长三角地区为例对开发区政策如何影响企业出口行为进行了研究，那么，上文得出的研究结论是否仅是存在于长三角地区的特殊现象呢？本节尝试将研究样本扩展到全国范围，验证上述研究结论是否成立。

本节依然基于模型（5.1）和模型（5.2），以全国所有省级及以上的开发区为样本，分别从企业的出口选择和出口学习效应两个方面检验开发区政策对出口与生产率关系的影响。构造企业是否在开发区的虚拟变量从而识别开发区政策对企业出口和生产率关系的影响是本书研究的重点，由于全国范围内开发区数量较多，通过开发区上图来界定开发区范围的方式需要耗费很大的工作量。参考已有文献使用较多的方法（向宽虎和陆铭，2015；吴一平和李鲁，2017；李贲和吴利华，2018），根据企业地址中是否含有开发区的相关字段识别开发区企业。具体而言，如果一个企业当年的名称和地址信息中含有"开发区""园区""产业区""工业园""经

---

① 本部分主要内容已发表于《经济学动态》2020年第7期。

济技术""高新""保税""贸易""出口加工"等字段[①],则将其视为开发区样本,开发区虚拟变量 Sez 的取值为1。[②] 此外,在本节的稳健性检验部分,以国家级开发区为样本,根据开发区的四至范围信息和企业的地址信息识别出开发区的边界和所有企业的经纬度,并对其进行匹配来构造开发区变量,以此做进一步检验和比较分析,提供更多的经验证据。此外,对于企业数据,本节主要使用1998—2007年的中国工业企业数据库。

(一)实证结果分析

首先基于企业特征的描述性信息做初步的分析,表5.9显示了开发区内外企业出口的基本情况,统计了不同样本下从事出口的企业占所有企业数量的比重,而对于出口企业,还计算了其出口额占销售总收入的比重,即出口密度值。可以发现,开发区内不仅有更高比例的企业会出口,而且出口业务所占的比重也更高,出口密度基本在60%以上,相比较而言,非开发区样本的出口企业所占比重较小,且出口密度不足50%。开发区在我国外向型经济的发展过程中发挥了重要的作用,其设立具有较强的出口导向性,为企业提供了较多的政策支持和便利条件,区内的企业也更加倾向于从事对外贸易的业务。

---

① 为尽可能全面准确地识别开发区内的样本,在参考已有文献和对审核公告目录中不同类型开发区可能包含的关键词进行拆解、分析和总结之后,本章选取了这些相关的字段,但是,一些字段比如"贸易""高新"等可能并不十分准确,因此本章也将只含有这种字段而不同时含有"开发区""园区""产业区""区"的样本作为非开发区样本进行了估计,结果并没有发生显著变化,由于篇幅原因结果没有在文中列出,有兴趣的读者可向作者索取。

② 对于开发区样本,根据每个企业每一年的相关字段信息识别,因此会出现一个企业某些年份在开发区、某些年份不在开发区的情况,但是考虑到企业地址信息会存在不尽规范的地方,有可能即使企业地址不变,在不同年份给出的地址信息内容也有所不同,企业可能一直位于开发区,但中间一些年份的地址信息中并没有相关字段,对此采取的处理方式是,如果一个企业第 t 年和第 $t+N$ 年在开发区,那么这 N 年中企业都属于开发区内的企业。

表 5.9　　　　　　　　　开发区内外企业出口基本信息

	全样本			开发区样本			非开发区样本		
	企业数量（家）	出口企业比重（%）	出口密度（%）	企业数量（家）	出口企业比重（%）	出口密度（%）	企业数量（家）	出口企业比重（%）	出口密度（%）
1998	73 177	25.90	49.46	3 966	47.63	64.50	69 211	24.65	47.73
1999	92 720	25.03	50.26	6 019	45.95	65.75	86 701	23.58	48.13
2000	93 014	26.61	50.37	7 013	47.98	65.34	86 001	24.87	47.87
2001	104 135	27.16	50.31	10 478	45.41	63.26	93 657	25.12	47.49
2002	114 951	28.01	51.16	13 016	45.26	64.77	101 935	25.81	47.94
2003	127 327	28.70	50.98	17 375	44.34	60.31	109 952	26.23	48.39
2004	182 843	29.88	53.26	31 934	43.98	61.78	150 909	26.90	49.88
2005	209 014	28.64	49.94	36 948	39.75	60.56	172 066	26.25	46.09
2006	235 300	26.78	48.91	42 840	37.46	59.31	192 460	24.40	45.07
2007	215 958	25.67	52.21	39 908	37.85	59.19	176 050	22.91	49.29

为了比较出口企业与非出口企业生产率的动态差异以及开发区政策的影响,在表 5.10 中对不同年份进入出口市场的新出口企业[①]在出口前 1 年、出口第 1 年和出口第 2 年的生产率情况进行了统计,并与对应年份的非出口企业的生产率对比,其中出口前的差异可以分析企业出口的选择效应,出口后的差异变化则可以分析出口学习效应。从全样本的数据来看,在开始出口之前,出口企业特别是在 2001 年以后出口的企业并未表现出显著的生产率优势,高生产率企业选择进入出口市场的现象并不十分明显。但是在出口之后,企业的生产率能够得到较大的提升,出口企业与非出口企业的生产率差异变得显著为正,从而在一定程度上说明了出口学习效应的存在。进一步而言,基于开发区和非开发区的子样本来进行比较分析,我们可以发现在开发区内,出口企业在出口前 1 年的平均生产率水平要低于非出口企业且差距更大,而非开发区样本的差距则相对较小,这在一定程度上可以说明开发区政策是造成低生产率企业进入出口市场的原因之一,对企业"出口—生产率悖论"发生具有一定的解释

---

① 新出口企业是指开始出口的年份晚于进入样本年份的企业。

力。无论是开发区样本还是非开发区样本,出口企业在开始出口后的第1年和第2年相比非出口企业都具有了更高的生产率,出口学习效应都较为显著,对比之下开发区样本内的出口企业所具有的生产率溢价要小于非开发区内的企业。表5.10的信息初步验证了本书的理论预期,但是这种描述性统计并不严谨和准确,接下来基于严格的计量模型来做更加深入的分析。

在前文分析的基础上,这里根据式(5.1)和式(5.2)的计量模型分别从出口选择效应和出口学习效应两个方面实证检验来自长三角地区的研究结论在全国层面是否成立。表5.11显示了以企业全要素生产率的滞后项作为被解释变量的回归结果,此时可以对不同出口状态企业前期的生产率情况进行对比,从而识别出口选择效应。本章基础实证模型的滞后期时间窗口为1年,即通过企业在t期和$t-1$期的数据对其出口类型进行识别并比较$t-1$期的生产率大小,结果如列(1)至(3)所示。这里主要基于LP方法计算得到的全要素生产率进行分析,首先列(1)显示了不考虑开发区政策影响的全样本估计结果,可以发现此时$Start$的系数为负,总体上来看,开始出口企业在之前的生产率水平并没有显著高于非出口企业,与理论上所强调的高生产率企业选择进入出口市场的情况存在一定的相悖。正如李春顶(2015)所提到的,中国的"出口—生产率悖论"更多的是由于企业出口选择效应的缺失所导致,现有研究也多是从企业出口选择的视角考察不同因素带来的影响,本书则重点关注开发区政策在其中的作用。

表 5.10　开发区内外企业出口和生产率关系的描述性统计特征

全样本

	出口前 1 年			出口第 1 年			出口第 2 年		
	出口	非出口	Diff.	出口	非出口	Diff.	出口	非出口	Diff.
1999 年	6.268 0	6.171 9	0.096 0***	6.407 7	6.180 8	0.226 9***	6.524 6	6.278 7	0.245 9***
2000 年	6.409 8	6.272 7	0.137 2***	6.478 3	6.236 4	0.241 9***	6.563 8	6.306 3	0.257 5***
2001 年	6.322 6	6.279 4	0.043 2	6.444 0	6.273 8	0.170 2***	6.628 2	6.421 3	0.206 9***
2002 年	6.238 5	6.326 6	−0.088 0***	6.395 3	6.372 6	0.022 7	6.569 0	6.518 0	0.050 9**
2003 年	6.295 0	6.413 4	−0.118 5***	6.502 1	6.472 9	0.029 3	6.644 0	6.559 4	0.084 6**
2004 年	6.469 1	6.510 3	−0.041 1**	6.581 8	6.437 0	0.144 8***	6.777 7	6.633 3	0.144 3***
2005 年	6.434 5	6.446 3	−0.011 8	6.689 6	6.560 2	0.129 4***	6.801 2	6.769 5	0.031 7*

开发区样本

	出口前 1 年			出口第 1 年			出口第 2 年		
	出口	非出口	Diff.	出口	非出口	Diff.	出口	非出口	Diff.
1999 年	6.064 1	6.093 1	−0.029 0	6.182 0	6.163 9	0.018 1	6.315 5	6.296 9	0.018 6
2000 年	6.295 5	6.254 0	0.041 5	6.433 4	6.199 7	0.233 7***	6.642 8	6.249 6	0.393 2***
2001 年	6.215 3	6.221 0	−0.005 6	6.339 4	6.192 4	0.147 0*	6.520 5	6.343 8	0.176 8*
2002 年	6.111 7	6.222 4	−0.110 7*	6.249 6	6.257 5	−0.007 9	6.400 3	6.379 0	0.021 4
2003 年	6.115 2	6.286 7	−0.171 5***	6.387 7	6.342 9	0.044 8	6.546 1	6.430 8	0.115 3*
2004 年	6.415 7	6.423 3	−0.007 6	6.546 3	6.367 1	0.179 2***	6.716 3	6.515 6	0.200 7***
2005 年	6.384 3	6.356 1	0.028 2	6.561 5	6.441 0	0.120 6***	6.742 4	6.660 5	0.082 0*

续表

	非开发区样本							
	出口前1年			出口第1年			出口第2年	
	出口	非出口	Diff.	出口	非出口	Diff.	出口	非出口	Diff.
1999年	6.294 2	6.174 8	0.119 4***	6.436 9	6.181 5	0.255 4***	6.558 1	6.277 9	0.280 2***
2000年	6.428 2	6.273 4	0.154 7***	6.485 4	6.238 1	0.247 3***	6.548 9	6.309 1	0.239 8***
2001年	6.341 3	6.282 8	0.058 5*	6.462 3	6.279 2	0.183 1***	6.648 8	6.426 7	0.222 1***
2002年	6.265 2	6.334 0	−0.068 8**	6.425 8	6.381 6	0.044 2*	6.607 5	6.529 7	0.077 8**
2003年	6.347 4	6.425 2	−0.077 8***	6.535 6	6.486 2	0.049 4*	6.678 5	6.574 4	0.104 1***
2004年	6.488 3	6.521 3	−0.033 0	6.594 6	6.447 8	0.146 9***	6.800 5	6.651 8	0.148 7***
2005年	6.445 3	6.459 9	−0.014 6	6.717 3	6.579 0	0.138 2***	6.818 3	6.787 0	0.031 3*

注：* 表示在10%显著性水平下显著，** 表示在5%显著性水平下显著，*** 表示在1%显著性水平下显著。

表 5.11 基础回归结果(企业出口选择效应)

	滞后期窗口:1年			滞后期窗口:2年	
	LP方法	OP方法		LP方法	OP方法
	(1)	(2)	(3)	(4)	(5)
$Start$	−0.002	0.004	0.007*	0.019***	0.020***
	(0.004)	(0.004)	(0.004)	(0.004)	(0.004)
$Continue$	0.009***	0.019***	0.026***	0.013***	0.021***
	(0.002)	(0.002)	(0.002)	(0.003)	(0.003)
$Exit$	0.041***	0.052***	0.051***	0.046***	0.045***
	(0.004)	(0.004)	(0.004)	(0.005)	(0.005)
$Start \times Sez$		−0.041***	−0.041***	−0.029***	−0.027***
		(0.010)	(0.010)	(0.010)	(0.010)
$Continue \times Sez$		−0.061***	−0.057***	−0.059***	−0.056***
		(0.004)	(0.004)	(0.005)	(0.005)
$Exit \times Sez$		−0.075***	−0.078***	−0.065***	−0.064***
		(0.011)	(0.011)	(0.011)	(0.011)
Sez		0.025***	0.025***	0.025***	0.025***
		(0.003)	(0.003)	(0.004)	(0.004)
$Size$	0.459***	0.459***	0.158***	0.463***	0.162***
	(0.001)	(0.001)	(0.001)	(0.001)	(0.001)
$Cappc$	0.265***	0.265***	0.239***	0.275***	0.250***
	(0.001)	(0.001)	(0.001)	(0.001)	(0.001)
$Wage$	0.405***	0.405***	0.401***	0.395***	0.392***
	(0.002)	(0.002)	(0.002)	(0.002)	(0.002)
$Foreign$	−0.048***	−0.046***	−0.045***	−0.035***	−0.033***
	(0.002)	(0.002)	(0.002)	(0.003)	(0.003)
行业效应	控制	控制	控制	控制	控制
地区效应	控制	控制	控制	控制	控制
年份效应	控制	控制	控制	控制	控制
观测值	1 120 991	1 120 991	1 107 719	777 123	767 954

注:系数下方括号内数值为其稳健标准误,*表示在10%显著性水平下显著,**表示在5%显著性水平下显著,***表示在1%显著性水平下显著。以下各表同。

在列(2)中,加入了反映企业出口类型的虚拟变量 $Start$、$Continue$、$Exit$ 与开发区虚拟变量 Sez 的交互项,以检验在开发区内外企业出口与生产率的关系是否存在不同。此时 $Start$ 的系数反映了开发区外的出口企业在开始出口前与非出口企业的生产率差异,根据结果,系数值为

0.004，虽然在统计上不显著，但正向的关系说明非开发区样本企业的出口选择基本符合新新贸易理论高生产率企业出口的预期。模型中交互项 $Start \times Sez$ 的系数为负值且在1%的水平下显著，表明开发区政策降低了新出口企业在出口前相对于非出口企业的生产率溢价，减弱了生产率对企业出口选择的支撑作用，而且通过计算可以得到开发区样本 $Start$ 的偏效应为 $-0.037(0.004-0.041)$，在开发区内，低生产率企业具有较高的出口倾向，新出口企业在开始出口之前的生产率相比非出口企业甚至要更低。列(3)显示了以 OP 方法计算生产率时的结果，主要结论没有改变，开发区外样本的 $Start$ 的系数显著为正，而对开发区内的企业，$Start$ 的系数显著为负。本章的实证估计结果与前文使用长三角地区样本得出的结果相一致，开发区政策是影响我国企业出口和生产率关系的一项重要因素，开发区所具有的一系列优惠措施特别是针对企业出口的财政补贴和税收减免以及区内企业集聚带来的溢出效应能够提高企业的出口偏好，同时降低企业出口的生产率门槛，从而使得相对低生产率的企业有更大的可能进入出口市场，正如结果所示，悖论主要存在于开发区样本中，而开发区外的样本则遵循了高生产率企业出口选择效应。

在列(2)和列(3)中，还可以发现交互项 $Continue \times Sez$ 和 $Exit \times Sez$ 的系数也都为负，对已经从事出口的企业，无论是继续维持出口或者退出出口市场，开发区也都降低了其在前期决策时所需的相对生产率水平。开发区虚拟变量自身的系数则显著为正，表明开发区内企业的平均生产率水平要高于非开发区企业(王永进和张国峰，2016；林毅夫等，2018)。对于其他控制变量，如企业规模、人均资本和人均工资等都对企业生产率产生了显著的正向影响。大企业能够通过规模化的生产来提高效率，同时抵抗市场风险的能力也更强，资本的深化有利于提高企业扩展业务和改善产品质量的能力，企业的工资水平则在一定程度上反映了企业的人力资本特征，从所有制变量来看，外资企业并没有表现出生产率上的优势。

为进一步证明上述基准结果的稳健性，这里也对滞后期的时间窗口进行了调整,考虑了滞后2年的情况。如果企业在 $t-2$ 期不出口而在 t 期出口,则为开始出口企业;如果企业在 $t-2$ 期、$t-1$ 期和 t 期都出口,则为持续出口企业;如果企业在 $t-2$ 期出口而在 t 期不出口,则为退出出口企业,被解释变量为 $t-2$ 期的企业生产率。基于表 5.11 的列(4)和列(5),改变时间窗口并不会影响本书的主要结果,$Start$ 的系数仍为正值且变得十分显著,而 $Start \times Sez$ 的系数仍显著为负,从系数的绝对值来看,前者也仍然要小于后者,再次说明企业出口选择效应在开发区内外存在明显的差异,与非开发区的企业出口不同,开发区内的出口企业在开始出口前并不一定具有更高的生产率水平。

接下来继续考察开发区政策对企业出口学习效应的影响,结果如表 5.12 所示。此时模型的被解释变量为企业从 $t-1$ 期到 t 期的生产率增长率,考虑到企业生产率的变化可能存在收敛效应,从而前期的生产率会同时影响企业出口状态和被解释变量,为避免由此带来的偏误,在模型中控制了生产率的滞后项。列(1)仍然显示了没有加入开发区变量的全样本估计结果,可以发现 $Start$ 和 $Continue$ 的系数为正,$Exit$ 的系数为负,而且都在1%的水平下显著,说明从事出口对企业生产率的提高有明显的促进作用,与非出口企业相比,出口企业的生产率增长更快,而当企业退出出口市场之后,生产率则会有所下降。虽然我国企业的出口选择效应不完全成立,但出口学习效应在总体上十分显著。比较变量系数的绝对值大小,$Start$ 的系数值为 0.095,$Continue$ 的系数值为 0.011,这说明企业的出口学习存在边际效应递减,新出口企业在刚开始进入出口市场之后,生产率能够获得较大幅度的提高,而之后持续出口所带来的边际效率提升则逐渐减小。

表 5.12　　　　　　　　基础回归结果(企业出口学习效应)

	滞后期窗口:1年			滞后期窗口:2年	
	LP 方法	OP 方法		LP 方法	OP 方法
	(1)	(2)	(3)	(4)	(5)
$LagTFP$	-0.357***	-0.357***	-0.370***	-0.445***	-0.462***
	(0.001)	(0.001)	(0.001)	(0.001)	(0.001)

续表

	滞后期窗口:1年		滞后期窗口:2年	
	LP方法	OP方法	LP方法	OP方法
	(1)	(2)	(3)	(4)	(5)
$Start$	0.095***	0.102***	0.078***	0.138***	0.101***
	(0.003)	(0.004)	(0.004)	(0.004)	(0.004)
$Continue$	0.011***	0.015***	0.003*	0.032***	0.010***
	(0.002)	(0.002)	(0.002)	(0.003)	(0.002)
$Exit$	−0.017***	−0.016***	−0.011***	−0.016***	−0.008*
	(0.004)	(0.004)	(0.004)	(0.005)	(0.004)
$Start \times Sez$		−0.045***	−0.046***	−0.052***	−0.058***
		(0.009)	(0.009)	(0.010)	(0.010)
$Continue \times Sez$		−0.024***	−0.028***	−0.023***	−0.029***
		(0.004)	(0.004)	(0.005)	(0.005)
$Exit \times Sez$		−0.007	−0.015	−0.033***	−0.033***
		(0.010)	(0.010)	(0.012)	(0.011)
Sez		0.033***	0.031***	0.048***	0.042***
		(0.003)	(0.003)	(0.004)	(0.003)
$Size$	0.138***	0.138***	0.056***	0.154***	0.060***
	(0.001)	(0.001)	(0.001)	(0.001)	(0.001)
$Cappc$	0.095***	0.094***	0.077***	0.117***	0.096***
	(0.001)	(0.001)	(0.001)	(0.001)	(0.001)
$Wage$	0.058***	0.058***	0.025***	0.064***	0.030***
	(0.002)	(0.001)	(0.001)	(0.002)	(0.002)
$Foreign$	−0.001	−0.002	0.006***	0.004	0.009***
	(0.002)	(0.002)	(0.002)	(0.003)	(0.002)
行业效应	控制	控制	控制	控制	控制
地区效应	控制	控制	控制	控制	控制
年份效应	控制	控制	控制	控制	控制
观测值	1 109 007	1 109 007	1 094 039	767 274	756 776

在此基础上进一步识别开发区对企业出口学习效应的影响,根据列(2)中的结果,$Start$ 和 $Continue$ 的系数仍显著为正,而两者与开发区虚拟变量的交互项 $Start \times Sez$ 和 $Continue \times Sez$ 的系数则都显著为负,从而开发区政策降低了出口对企业生产率带来的额外提升作用。正如前文所分析的,开发区的优惠措施在提高企业出口概率的同时,事实上也为企业创造了一个竞争压力较小的环境,这会在一定程度上造成企业生产和

管理上的创新惰性，削弱企业通过不断学习和创新提高自身竞争力的积极性，从而限制了出口的生产率提升作用。从变量的系数值来看，非开发区新出口企业的生产率在出口之后获得了较快的提升，增长率相比非出口企业高出了 10.2 个百分点，而在开发区内，虽然出口的学习效应会受到一定的抑制，但 $Start$ 的系数 0.057(0.102－0.045)也还是正值，企业开始进入出口市场后仍然会对生产率带来正向的影响，使其增长率比非出口企业高出 5.7 个百分点。对于已经从事出口的企业，持续的出口仍会对开发区外的企业带来 1.5 个百分点的生产率增长溢价，此时这种边际的效率提升对开发区企业则不再显著存在。另外交互项 $Exit \times Sez$ 的系数不显著，企业产品和管理上的改善具有一定的黏性，开发区企业出口时的收益较小，而当企业不再出口时，生产率也会维持在较低的水平，从而企业退出出口后的生产率变化在开发区内外没有明显差异。调整企业生产率的估计方法和滞后期的时间窗口，结果基本没有改变，主要结论仍然成立。

(二)稳健性检验

1. 考虑开发区选择效应的估计结果

在分析开发区政策所带来的影响时，一个不得不考虑的问题就是开发区样本自身也会存在选择效应。一方面这来自市场的优胜劣汰机制(王永进和张国峰，2016)，另一方面政府往往也会对开发区的企业进行一定的筛选，那些能够带来更多税收、具有更大的投资规模且对当地经济具有较大带动作用的企业一般会更加受到青睐。如果开发区的选择效应导致区内和区外企业的特征分布存在内生性的差异，那么企业出口和生产率关系在开发区内外的变化可能并不完全来自开发区政策本身的影响，估计结果会存在一定的偏误。对此，这里参考处理选择效应常用的 Heckman 两阶段法来做进一步的检验。在第一阶段首先对企业进入开发区的概率选择模型进行估计，在此基础上构造逆米尔斯比率，并将其作为解释变量代入第二阶段的估计模型以控制选择偏差，从而识别开发区政策对企业出口生产率关系的影响。除了已有的控制变量，在第一阶段的选择模型中还控制了企业的应交所得税和固定资产投资等变量,以反映政府偏好在开发区企业选择中可能存在的作用。需要说明的是,一般的 Heckman 模型在第二阶段只对处理组(即概率选择为 1 的样本)进行估计,而本节第二阶段的回归模型要同时使用开发区和非开发区的样本,需要分别构造两类样本的逆米尔斯比率,同时模型中还包含了开发区虚拟变量与企业出口状态的交互项,在这种情况下,Stata 软件中的 itreatreg 命令能够较好地契合本书的要求,因此这里基于此命令来进行估计,结果如表 5.13 所示。① 模型中逆米尔斯比率 λ 的系数都在 1% 的水平下显著异于零,表明企业进入开发区存在一定的选择性偏差,而从解释变量的系数来看,本章所主要考察的交互项仍为负值。控制住其选择偏差后,开发区本身的政策效应仍然会对企业出口前所需的生产率门槛和出口之后的生产率增长产生负向的影响,从而降低了出口企业的生产率水平,基准回归的结论依然稳健,没有发生较大的改变。

表 5.13 考虑开发区选择效应的估计结果

	出口选择效应		出口学习效应	
	LP 方法	OP 方法	LP 方法	OP 方法
	(1)	(2)	(3)	(4)
$Start$	0.024***	0.027***	0.054***	0.040***
	(0.007)	(0.007)	(0.006)	(0.006)
$Continue$	0.016***	0.023***	0.016***	0.005**
	(0.003)	(0.003)	(0.003)	(0.003)
$Exit$	0.052***	0.053***	−0.005	−0.001
	(0.007)	(0.007)	(0.006)	(0.006)
$Start \times Sez$	−0.036**	−0.038***	−0.016	−0.015
	(0.015)	(0.015)	(0.013)	(0.013)
$Continue \times Sez$	−0.047***	−0.045***	−0.021***	−0.021***
	(0.006)	(0.006)	(0.005)	(0.005)
$Exit \times Sez$	−0.065***	−0.064***	−0.025*	−0.029**
	(0.015)	(0.015)	(0.013)	(0.013)

---

① 这里我们只列出了第二阶段的估计结果,第一阶段的估计结果没有列出,如有需要可向作者索取。

续表

	出口选择效应		出口学习效应	
	LP 方法	OP 方法	LP 方法	OP 方法
	(1)	(2)	(3)	(4)
Sez	0.471***	0.469***	0.212***	0.151***
	(0.022)	(0.022)	(0.019)	(0.019)
$Size$	0.490***	0.189***	0.148***	0.070***
	(0.001)	(0.001)	(0.001)	(0.001)
$Cappc$	0.307***	0.280***	0.094***	0.079***
	(0.001)	(0.001)	(0.001)	(0.001)
$Wage$	0.369***	0.369***	0.063***	0.034***
	(0.003)	(0.003)	(0.002)	(0.002)
$Foreign$	−0.028***	−0.023***	−0.029***	−0.014***
	(0.004)	(0.004)	(0.003)	(0.003)
λ	−0.254***	−0.253***	−0.109***	−0.075***
	(0.012)	(0.012)	(0.011)	(0.011)
行业效应	控制	控制	控制	控制
地区效应	控制	控制	控制	控制
年份效应	控制	控制	控制	控制

2. 考虑不同开发区类型的结果

上文研究证明了我国的开发区政策对企业出口和生产率关系的负向影响。我国的开发区发展也呈现出了多元化的特征，国家级开发区就存在经济技术开发区、高新技术开发区、保税区、出口加工区、边境合作区等多种类型。虽然各个开发区的政策一般都会涉及企业出口，但不同类型开发区在重点产业和发展定位方面仍然有所侧重，相比而言保税区和出口加工区的政策目标就更加偏向于企业对外贸易和外向型经济发展，这可能导致其影响与其他开发区存在差异。基于此，接下来将开发区进一步细化为出口偏向型开发区 Sez_export 和其他类型开发区 Sez_others 两个虚拟变量，如果企业处于保税区或出口加工区，前者取值为 1；如果企业处于这两类开发区之外的其他开发区，后者取值为 1，在基础模型中同时加入企业出口状态与这两个虚拟变量的交互项，从而识别不同类型开发区作用效果的差异。

表 5.14 的列(1)和列(2)显示了出口选择效应的估计结果,无论采用 LP 方法还是 OP 方法计算生产率,交互项 $Start \times Sez\_export$ 和 $Start \times Sez\_others$ 的系数都显著为负。与前文结论一致,无论哪类开发区,都降低了新出口企业在开始出口前的生产率水平,使得更低生产率的企业进入了出口市场,进一步比较两个交互项系数的绝对值,可以发现前者的绝对值要大于后者。这样的结果更加支持了本书的理论分析,由于开发区所具有的优惠政策和集聚效应能够在提高出口的比较收益的同时降低出口的生产率门槛,因此出口会成为低生产率企业相对更优的选择。而相比其他类型的开发区,出口加工区和保税区的定位更加侧重于国际贸易,政策补贴和税收优惠具有更强的出口导向性且力度会更大,此外区内更多出口企业集聚产生的溢出效应也更强,从而这两类开发区会对企业出口的生产率选择效应产生更大的影响。但对于企业的出口学习效应,这种关系不再成立,根据列(3)和列(4),与其他开发区相比,出口加工区和保税区对企业出口带来的生产率提升没有形成明显的抑制,两类开发区在积极推动企业进行对外贸易的同时,也在努力营造良性健康的出口环境,以提高企业自身学习创新的积极性和出口的可持续性。

表 5.14 考虑不同开发区类型的估计结果

	出口选择效应		出口学习效应	
	LP 方法	OP 方法	LP 方法	OP 方法
	(1)	(2)	(3)	(4)
$Start$	0.004	0.007*	0.102***	0.078***
	(0.004)	(0.004)	(0.004)	(0.004)
$Continue$	0.019***	0.026***	0.015***	0.003*
	(0.002)	(0.002)	(0.002)	(0.002)
$Exit$	0.052***	0.051***	−0.016***	−0.011***
	(0.004)	(0.004)	(0.004)	(0.004)
$Start \times Sez\_export$	−0.163*	−0.137*	0.060	0.026
	(0.086)	(0.086)	(0.079)	(0.073)
$Continue \times Sez\_export$	−0.082**	−0.065**	−0.004	−0.011
	(0.034)	(0.034)	(0.031)	(0.031)

续表

	出口选择效应		出口学习效应	
	LP方法	OP方法	LP方法	OP方法
	(1)	(2)	(3)	(4)
$Exit \times Sez\_export$	0.127	0.084	−0.062	−0.059
	(0.085)	(0.085)	(0.067)	(0.065)
$Start \times Sez\_others$	−0.039***	−0.040***	−0.047***	−0.047***
	(0.010)	(0.010)	(0.009)	(0.009)
$Continue \times Sez\_others$	−0.061***	−0.057***	−0.025***	−0.030***
	(0.004)	(0.004)	(0.004)	(0.004)
$Exit \times Sez\_others$	−0.079***	−0.081***	−0.006	−0.015
	(0.011)	(0.011)	(0.010)	(0.010)
Sez_export	0.039	0.035	0.054**	0.059**
	(0.029)	(0.028)	(0.027)	(0.026)
Sez_others	0.025***	0.024***	0.033***	0.031***
	(0.003)	(0.003)	(0.003)	(0.003)
其他控制变量	控制	控制	控制	控制
行业效应	控制	控制	控制	控制
地区效应	控制	控制	控制	控制
年份效应	控制	控制	控制	控制

3. 基于出口概率模型的估计结果

基于前文的估计结果,企业出口和生产率之间的负向关系主要存在于开发区样本中,特别是在开发区内出现了低生产率企业从事出口的悖论,为检验所得结论的稳健性,这里基于研究企业出口决策行为时常采用的出口概率模型进一步识别开发区对企业出口选择效应的影响。模型中被解释变量为企业是否出口的二元虚拟变量,主要解释变量为滞后期的企业生产率水平及其与开发区虚拟变量的交互项,采用Logit方法估计,模型基本形式如下:

$$P(Export_{it}=1) = \Lambda(TFP_{it-1}, TFP_{it-1} \times Sez_{it-1}, Sez_{it-1},$$
$$Control_{it-1}, \mu_j, \eta_r, \theta_t, \xi_{it}) \quad (5.4)$$

表5.15的列(1)显示了Logit估计的结果,可以发现,生产率TFP的系数显著为正而其与开发区虚拟变量交互项$TFP \times Sez$的系数显著

为负,且后者的绝对值大于前者。这再次证明了前面得到的结论,开发区外的样本遵循了出口选择效应,企业生产率越高,出口概率越大,而在开发区内,生产率不再是出口的必要条件,呈现出了低生产率企业从事出口的悖论。在此基础上换个角度来思考,本书研究开发区对企业出口和生产率的影响,事实上涉及了企业是否出口和是否处于开发区两个方面的状态,据此可以把所有企业划分为开发区外非出口企业、开发区外出口企业、开发区内非出口企业和开发区内出口企业四种类型,对样本存在多种分类的情形,可以利用多项 Logit 模型来估计以识别生产率对企业选择的作用。将开发区外非出口企业作为对照组,多项 Logit 模型的估计结果如表 5.15 中的列(2)~(4)所示,其中列(2)和列(3)中生产率的系数为正值,列(4)中生产率的系数为负值,且都十分显著。通过比较可以得出,相对于开发区外的非出口企业,开发区外出口企业和开发区内非出口企业所需要具有的生产率更高,而开发区内出口企业却具有更低的生产率,这样的关系也表明了开发区政策是造成企业出口与生产率负向相关的一项重要因素。

表 5.15　　　　　　　　基于出口概率模型的估计结果

	Logit 估计	多项 Logit 估计		
	被解释变量:企业是否出口	组1:开发区外出口企业	组2:开发区非出口企业	组3:开发区出口企业
	(1)	(2)	(3)	(4)
TFP_{t-1}	0.012***	0.020***	0.033***	−0.034***
	(0.004)	(0.004)	(0.005)	(0.006)
$TFP_{t-1} \times Sez_{t-1}$	−0.035***	—	—	—
	(0.006)			
Sez_{t-1}	0.340***	—	—	—
	(0.040)			
其他控制变量	控制	控制	控制	控制
行业效应	控制	控制	控制	控制
地区效应	控制	控制	控制	控制
年份效应	控制	控制	控制	控制

4. 基于近邻匹配方法的估计结果

除了一般的回归估计模型,在政策评价领域常用的匹配估计方法也越来越多地用于分析企业出口和生产率的关系,特别是识别企业出口学习效应。回归模型由于具有较强的参数化假设,因此容易因模型设置问题而带来估计和检验结果的偏误,而非参数的匹配估计方法则相对具有更强的稳健性,这里也用匹配法检验本书的结论。匹配估计的思想是通过一定的方法从控制组中筛选出与处理组样本最为相似的数据,并与处理组数据比较以识别某项政策的效应。这里定义处理组企业为样本中的新出口企业,控制组则为样本期内一直没有出口的非出口企业。现有研究多采用倾向得分匹配筛选控制组企业,首先通过概率选择模型得到企业出口的概率值,在此基础上筛选出与出口企业概率得分最近的非出口企业。然而倾向得分匹配依然需要对概率选择的 Logit 或 Probit 模型来进行设定,因此本节采用 Abadie 和 Imbens(2006)提出的最近相邻匹配估计进行分析,即寻找与出口企业特征协变量距离最近的非出口企业。参考张杰等(2016)的研究,本书对时间年份进行了精确匹配。

通过将样本分为开发区外企业和开发区内企业,并分别对出口企业在出口前 1 年、出口第 1 年、出口第 2 年和出口第 3 年的生产率状况与非出口企业进行匹配估计得到平均处理效应值,我们可以识别开发区政策对企业出口选择效应和出口学习效应的影响。需要说明的是,对于企业出口后的学习效应的估计,这里将对应出口时间的生产率相对于出口前生产率的变动值而不是当期水平值作为结果变量,这样构造的匹配双重差分估计更加准确。根据表 5.16 中近邻匹配方法估计的结果,本书的结论仍然显著成立。在开发区外,出口企业在出口前具有更高的生产率,符合异质性企业贸易理论的预期,但开发区内对应的平均处理效应值却为负,企业出口前的生产率要显著低于非出口企业,出现了低生产率企业从事出口的悖论。当企业进入出口市场之后,学习效应显著存在,使得企业生产率相对非出口企业获得了更快的提升,而对开发区样本,这种提升也要小于非开发区样本。

表 5.16　　　　　　　　　　基于近邻匹配方法的估计结果

出口相应时间	结果变量	非开发区样本 ATE	标准误	开发区样本 ATE	标准误
出口前 1 年	$LagTFP$	0.045**	0.019	−0.127***	0.027
出口第 1 年	$\Delta TFP_1 = TFP_1 - LagTFP$	0.078***	0.013	0.073***	0.020
出口第 2 年	$\Delta TFP_2 = TFP_2 - LagTFP$	0.131***	0.017	0.065***	0.024
出口第 3 年	$\Delta TFP_3 = TFP_3 - LagTFP$	0.177***	0.023	0.089***	0.030

注：表中 $LagTFP$ 表示企业出口前的滞后生产率水平，TFP_1、TFP_2 和 TFP_3 则表示企业出口后第 1 年、第 2 年和第 3 年的生产率水平。而 ATE 表示的值为匹配后出口企业相应的结果变量减去非出口企业相应结果变量的差值。

（三）分样本异质性估计和分析

在前文分析的基础上，这里主要基于企业所有制和所在地区进行分样本检验。一方面，开发区政策的作用效果在不同地区、针对不同所有制企业都可能存在差异；另一方面，分样本估计也能够为本书的结果提供进一步的稳健性检验。现有研究已经论证了企业所有制和区位特征对我国企业出口和生产率之间负向关系的解释作用（Lu et al., 2010；Li et al., 2018），虽然在基础回归中对两者进行了控制，但模型中加入了开发区的交互项并以此来判断开发区的政策效果。如果开发区内外的企业在所有制和地区分布上存在较大差异，那么仍可能会对估计结果造成一定的偏误。根据本部分所使用的样本，开发区内的外资企业比重为 38.53%，区外的外资企业比重则为 17.64%，此外开发区样本在东部地区的比重为 87.55%，非开发区样本在东部地区的比重则为 70.82%，因此在比较开发区内外企业出口和生产率关系的不同时，需要考虑由这种分布上的差异带来的影响以识别开发区政策的净效应，而这可以通过对不同所有制性质和不同地区的子样本分别进行估计来实现。

根据表 5.17 的结果，在各个子样本的估计中，无论是对于出口选择效应还是出口学习效应，出口状态与开发区虚拟变量的交互项 $Start \times Sez$ 和 $Continue \times Sez$ 的系数仍都显著为负。剔除企业所有制和地区特征分布差异的影响,开发区政策自身的作用仍是解释企业出口和生产率之间负向关系的一个重要因素。进一步比较不同样本间的估计系数,我们可以发现外资新出口企业在出口前的生产率水平无论其在开发区内还是在开发区外都要低于非出口企业,而对于内资企业,悖论只存在于开发区内,区外的企业符合高生产率企业出口选择效应,这与现有研究强调外资企业能够解释我国企业"出口—生产率悖论"的观点相一致(Lu et al.,2010)。从开发区政策对出口选择效应的影响来看,内资企业样本交互项 $Start \times Sez$ 的系数为-0.021,外资企业则为-0.052,相对于内资企业,开发区对外资企业的出口选择具有更大的负向作用。外资企业作为国际贸易和外向型经济发展的主体,政府出口导向的政策支持往往会向其倾斜,同时外资企业对政府的政策补贴也会更加敏感,因此在开发区内,低生产率的外资企业有更大的可能性进入出口市场。但当企业出口之后,区内外资企业的出口学习效应受到的影响则相对较小。此外,开发区对企业出口的生产率选择和学习效应的负向作用也存在明显的地区差异,基于中西部地区子样本估计得到的主要交互项系数的绝对值更大,表明开发区政策的作用效果在中西部地区要强于东部地区。正如向宽虎和陆铭(2015)提到的,国家政策存在地区偏向,中西部地区开发区所享受的政策扶持要大于东部地区,但是前者并没有带来企业生产效率的显著提升。

表 5.17　　　　　　　　分所有制和地区样本估计结果

	不同所有制子样本估计				不同地区子样本估计			
	外资企业		内资企业		东部地区企业		中西部地区企业	
	出口选择	出口学习	出口选择	出口学习	出口选择	出口学习	出口选择	出口学习
	(1)	(2)	(3)	(4)	(5)	(6)	(7)	(8)
$Start$	-0.035***	0.050***	0.012**	0.110***	0.013***	0.073***	0.044***	0.151***
	(0.009)	(0.008)	(0.005)	(0.004)	(0.005)	(0.004)	(0.010)	(0.008)
$Continue$	-0.057***	-0.025***	0.053***	0.029***	0.013***	0.007***	0.092***	0.027***
	(0.005)	(0.004)	(0.003)	(0.002)	(0.002)	(0.002)	(0.007)	(0.005)
$Exit$	-0.020**	-0.037***	0.068***	-0.013***	0.020***	-0.035***	0.166***	-0.013*
	(0.009)	(0.009)	(0.005)	(0.004)	(0.005)	(0.005)	(0.010)	(0.008)
$Start \times Sez$	-0.052***	-0.029*	-0.021*	-0.042***	-0.037***	-0.007	-0.095**	-0.169***
	(0.018)	(0.016)	(0.012)	(0.011)	(0.010)	(0.009)	(0.038)	(0.033)

续表

	不同所有制子样本估计				不同地区子样本估计			
	外资企业		内资企业		东部地区企业		中西部地区企业	
	出口选择	出口学习	出口选择	出口学习	出口选择	出口学习	出口选择	出口学习
	(1)	(2)	(3)	(4)	(5)	(6)	(7)	(8)
$Continue \times Sez$	−0.062***	−0.019**	−0.018***	−0.019***	−0.045***	−0.008**	−0.138***	−0.080***
	(0.009)	(0.008)	(0.006)	(0.005)	(0.005)	(0.004)	(0.023)	(0.016)
$Exit \times Sez$	−0.047**	−0.001	−0.074***	−0.001	−0.027**	0.027***	−0.221***	−0.107***
	(0.018)	(0.017)	(0.013)	(0.012)	(0.011)	(0.010)	(0.042)	(0.035)
Sez	0.012	0.028***	0.016***	0.029***	0.014***	0.022***	0.050***	0.071***
	(0.008)	(0.007)	(0.003)	(0.003)	(0.003)	(0.003)	(0.009)	(0.007)
其他控制变量	控制	控制	控制	控制	控制	控制	控制	控制
行业效应	控制	控制	控制	控制	控制	控制	控制	控制
地区效应	控制	控制	控制	控制	—	—	—	—
年份效应	控制	控制	控制	控制	控制	控制	控制	控制

除了上述检验,企业的出口密度也是需要考虑的一个重要因素。前文的描述性统计中显示开发区内的出口企业往往具有更高的出口密度,而出口密度也被视作造成"出口—生产率悖论"的原因之一(范剑勇和冯猛,2013),此外更值得讨论的是,开发区政策对不同出口密度企业的差异化影响也能呼应本书的论述。正如前文所强调的,开发区之所以会影响企业出口和生产率的关系,主要是因为其所具有的一系列优惠政策会在一定程度上改变企业的生产和贸易行为,而这种政策往往会具有一定的出口偏向,出口企业特别是出口密度更高的企业,所能享受到的税收和信贷优惠也会更大(Defever and Riano,2017;刘晴等,2017)。因此,如果开发区政策对高密度的出口企业产生更强的影响,本书的观点能够再次得到印证。在基础估计模型中考虑企业出口密度变量,构造三重交互项,结果如表 5.18 所示,模型中 $Start \times Sez \times den$ 和 $Continue \times Sez \times den$ 的系数都显著为负值[①],开发区内出口企业的出口密度越高,出口前的生产率门槛以及出口后的生产率提升就越低,出口选择效应和出口学习效应受开发区政策影响越大,为本书的论证提供了进一步的证据。

---

① 这里为便于解释,变量 den 表示出口企业的出口密度减去平均密度的差值。

表 5.18 考虑企业出口密度异质性的估计结果

	出口选择效应		出口学习效应	
	LP 方法	OP 方法	LP 方法	OP 方法
	(1)	(2)	(3)	(4)
$Start$	−0.001	0.003	0.101***	0.076***
	(0.004)	(0.004)	(0.004)	(0.004)
$Continue$	0.007***	0.015***	0.013***	0.001
	(0.002)	(0.002)	(0.002)	(0.002)
$Exit$	0.046***	0.046***	−0.015***	−0.011***
	(0.005)	(0.005)	(0.004)	(0.004)
$Start \times Sez$	−0.027**	−0.027**	−0.035***	−0.032***
	(0.012)	(0.012)	(0.011)	(0.010)
$Continue \times Sez$	0.007	0.011*	0.023***	0.027***
	(0.007)	(0.007)	(0.006)	(0.006)
$Exit \times Sez$	−0.076***	−0.082***	−0.011	−0.017
	(0.013)	(0.013)	(0.012)	(0.012)
$Start \times Sez \times den$	−0.039*	−0.044**	−0.044**	−0.058***
	(0.023)	(0.023)	(0.021)	(0.020)
$Continue \times Sez \times den$	−0.132***	−0.133***	−0.095***	−0.111***
	(0.009)	(0.009)	(0.008)	(0.008)
$Exit \times Sez \times den$	−0.010	−0.001	−0.002	−0.009
	(0.024)	(0.024)	(0.022)	(0.021)
Sez	0.023***	0.023***	0.033***	0.031***
	(0.003)	(0.003)	(0.003)	(0.003)
其他控制变量	控制	控制	控制	控制
行业效应	控制	控制	控制	控制
地区效应	控制	控制	控制	控制
年份效应	控制	控制	控制	控制

第四节 本章小结

在前文理论分析和基本事实描述的基础上,本章使用 1998—2013 年(不包括 2010 年)中国工业企业数据库中的制造业企业数据,检验了长三角地区 110 家国家级开发区和 323 家省级开发区对异质性企业出口行为的影响，本书的基础回归模型主要基于 Baldwin 和 Gu(2003)及 Wagner(2007)的估计方法。在此基础上，进一步聚焦全国的开发区样本进行了实证检验，并考虑开发区选择效应的影响和使用不同的估计方法，考虑不同的开发区类型以及企业的所有制差异等对基础回归结果进行了稳健性检验。本书的结论显示，开发区显著降低了企业进入出口市场的生产率临界值，从而使得生产率低的企业也能够进入出口市场，而开发区外依然是生产率高的企业出口，完全符合异质性企业贸易理论的预期。同样，开发区不仅会影响企业出口选择行为，还扭曲了企业的出口学习行为，通过比较发现，虽然开发区内外的企业出口均存在出口学习效应，但是开发区外的企业通过出口获得的生产率提升要显著高于开发区内的企业。本书的基础回归结果符合前文的理论分析。在此基础上，进一步使用全国层面开发区样本的实证检验得出了与基准回归一致的结论，使用 Logit 出口概率模型和近邻匹配方法分别对上述企业出口选择行为和学习行为进行了稳健性检验，得到了和基础回归一致的结论。此外，考虑到开发区选择效应可能会造成回归结果的有偏性，我们进一步使用 Heckman 模型对开发区的选择效应进行控制，回归结果并没有发生显著的变化。鉴于不同开发区的政策环境和经济目标存在较大差异，从而对结果产生影响，本书以完全出口导向型的出口加工区为例，发现出口加工区内的企业较其他类型开发区内的企业具有更低的出口生产率临界值，进一步说明出口导向型政策是促进企业出口的重要因素。最后，由于外资企业具有更强的出口倾向，我们分别以外资企业样本和内资企业样本检验了企业所有制的影响，结果显示开发区内外生产率低的外资企业都有可能进入出口市场，但是开发区内的外资企业的出口生产率临界值显著低于开发区外。与此相反，开发区外的内资企业生产率高的企业出口，开发区同样降低了内资企业出口的生产率门槛。开发区对内外资企业的出口学习均产生了扭曲效应，与本书的基础回归相一致，相对于开发区外的企业，开发区内的所有企业通过出口获得的生产率提升均较低。

第六章　机制分析——开发区政策效应和集聚效应

第一节　引　言

前文从整体上检验了开发区对异质性企业出口行为的总效应,结果表明,开发区内外的企业出口行为存在显著的异质性,具体来说,就企业出口选择行为而言,开发区外生产率高的企业从事出口而生产率低的企业供给国内市场,完全符合异质性企业贸易理论的预期,而开发区内企业出口的生产率门槛显著低于开发区外,从而使得生产率低的企业也能够进入出口市场;就企业出口学习行为而言,开发区内外新出口企业均能在出口中获得生产率的显著提升,然而开发区内的新出口企业获得的生产率提升效应要显著低于开发区外。上述结果证明了开发区是影响异质性企业出口行为的重要因素,或者说开发区在一定程度上导致了企业出口行为的扭曲。那么开发区是如何影响企业出口行为的,其背后的作用机制又是什么,这将是本章需要重点探讨的问题。本书的理论分析表明,开发区同时作为政策高地和集聚高地,其优惠政策吸引了大量的企业为了获取政策租而入驻开发区,同类型或者同行业的大量企业入驻产生了集聚经济效应,本书将前者称为开发区的政策效应,将后者称为开发区的集聚效应,这两种效应会同时影响开发区内企业的出口选择行为和出口学习行为。

就开发区的政策效应而言，一方面，开发区的政策会影响企业的出口选择行为，区内的各项补贴、税收优惠政策以及融资便利能够显著降低企业的生产经营以及出口市场进入成本，从而使得区内企业出口的临界生产率低于企业内销的临界生产率，最终低生产率的企业只能进入出口市场；另一方面，开发区的政策效应也会影响企业的出口学习行为，企业长期处于大量优惠政策扶持的环境中，容易对政策产生依赖而失去创新的动力。此外，高补贴引致的寻租也可能抑制企业的创新，众所周知，创新能力是企业通过学习、模仿进而提高技术水平和生产效率的基础，可见，政策效应可能会降低企业的出口学习效应。

就开发区的集聚效应而言，与政策效应相类似，一方面，集聚效应对企业出口选择会产生影响，开发区内大量企业共聚产生的溢出效应能够降低企业进入出口市场的搜寻、匹配以及试错成本，从而在一定程度上弥补企业的出口市场固定成本，并降低开发区内企业出口的生产率门槛；另一方面，开发区内企业的出口学习也会受到集聚效应的影响，区内大量的出口企业和外资企业集聚产生的溢出效应本身就使企业即使不出口也能够获得国际市场的信息，也就是说集聚也能够带来生产率的提升，从而使得企业从出口中获得的生产率提升相对有限。

本章依然基于第五章基础回归的计量模型，以长三角地区（江、浙、沪、皖）2013年及以前成立的110家国家级开发区和323家省级开发区为研究对象，并使用1998—2013年（不包括2010年）中国工业企业数据库中的制造业企业数据，分别从政策效应和集聚效应的角度检验开发区影响企业出口选择和出口学习的作用机制，一方面为开发区政策作用效果的有效性提供经验证据，另一方面丰富对开发区集聚效应的测度和作用效果的实证检验。本章的研究发现，由于开发区内的出口导向型政策往往更加偏向于高出口密度的企业，因此显著降低了开发区内高出口密度企业的生产率临界值，与此同时，更加依赖于政策扶持的高出口密度企业通过出口获得的生产率提升也相对有限。此外，对税收政策的研究发现，开发区外企业的税收负担越重，企业进入出口市场的临界生产率水平越高,企业从出口中获得的学习效应也越大,而对于开发区内的企业而言,税收负担并没有提高企业出口的生产率门槛,相反,企业的税收负担越重,企业进入出口市场的临界生产率水平越低,但是与此同时,企业通过出口获得的学习效应也相对有限;来自开发区政策力度升级视角的检验发现,省级开发区升级为国家级开发区显著降低了企业出口的临界生产率水平,同时升级也抑制了企业的出口学习。对于开发区集聚效应的研究发现,开发区的集聚程度越高,企业进入出口市场的生产率门槛越低,同时企业通过出口获得的生产率提高也越有限。此外,开发区内的企业集聚对其周围的企业出口选择产生了明显的溢出效应。

第二节 开发区政策效应与企业出口行为

开发区的政策效应对企业出口行为的影响表现在两个方面:一方面,开发区的政策效应会对企业的出口选择行为产生影响,本书认为开发区作为政策高地,区内的企业可以享受财政补贴、税收优惠、融资便利以及更加精简高效的制度安排带来的交易成本的降低以及更加良好的基础设施等,有利于降低企业的生产和贸易成本,尤其是企业的出口市场进入成本,从而降低了企业进入出口市场的生产率门槛,比较而言,开发区外的企业进入出口市场的生产率临界值高于开发区内的企业。另一方面,开发区的政策效应也会对企业出口学习行为产生影响,开发区所具有的一系列优惠措施虽然有助于降低企业进入出口市场的生产率临界值,从而提高低生产率企业出口的机会,但是过多的政府补贴也可能会使企业形成一定的政策依赖,降低企业的竞争意识和学习创新的内在动力,从而使得企业陷入低水平数量型出口的循环而难以真正实现产品质量和高端出口竞争力的提高(施炳展等,2013;张杰和郑文平,2015),同时高补贴引致的寻租活动也会降低企业在自身发展和创新上的投资和精力(毛其淋和许家云,2015),基于此,开发区政策反而会对企业的创新能力产生一定的负向影响(吴一平和李鲁,2017)。因此,本书预期在开发区政策效应的作用下,开发区内外的出口企业都可以通过出口学习促进生产率的提升,但是开发区外企业的出口学习效应要大于区内的企业。

正如前文所述,开发区的政策效应包括财政补贴、税收优惠、土地价格减免、管理体制创新等多个方面。考虑到开发区的出口导向型政策对于高出口密度的企业具有一定的偏向性,同时开发区的企业可以享受到更加优惠的税收政策,以及省级开发区的优惠政策往往弱于国家级开发区,本章主要从企业出口密度、税收优惠以及省级开发区升级的角度检验开发区的政策对异质性企业出口行为的影响。

一、考虑企业出口密度异质性的影响

考虑到开发区作为对外开放的平台,具有更加优惠的出口导向型政策,正如本书所强调的,开发区之所以会影响企业出口和生产率的关系,主要是因为其所具有的一系列优惠政策会在一定程度上改变企业的生产和贸易行为,而这种政策往往会具有一定的出口偏向,出口企业特别是出口密度更高的企业所能享受到的税收和信贷优惠也会更大(Defever and Riano,2017;刘晴等,2014,2017)。比如,"经济特区和经济技术开发区的企业凡当年企业出口产品产值达到当年企业产品产值 70% 以上的减按 10% 的税率缴纳企业所得税"。因此,如果开发区政策对高密度的出口企业产生更强的影响,本书的观点就能够再次得证。

这里以本书基准回归中检验企业出口选择行为和出口学习行为的实证模型为基础,构造企业出口密度(企业出口密度由企业的出口交货值除以产品销售收入得到)变量 den,为了便于解释,变量 den 表示出口企业的出口密度减去平均密度的差值。在此基础上,加入企业出口状态变量(与前文一致,反映企业出口状态变动的虚拟变量由 $Start$、$Continue$ 和 $Exit$ 表示)、开发区虚拟变量(Sez)与企业出口密度的三重交互项($Start \times Sez \times den$、$Continue \times Sez \times den$、$Exit \times Sez \times den$)。如果三重交互项的系数,尤其是新出口企业三重交互项($Start \times Sez \times den$)的系数显著为负,对企业的出口选择行为而言,则说明开发区内出口密度越高的企业进入出口市场的临界生产率水平越低,对企业的出口学习行为而言,则说明出口密度越高的企业出口带来的生产率提升效应越小。表 6.1 给出了考虑企业出口密度异质性的估计结果,在所有的模型中,三重交互项的系数均显著为负,说明开发区内企业的出口密度越高,企业进入出口市场的临界生产率越低,这在一定程度上表明,开发区的出口导向型政策显著降低了企业的生产经营尤其是出口市场进入成本,进而降低了开发区内企业出口的生产率门槛。此外,开发区内企业的出口密度越高,企业生产率的增加反而越小,说明当企业提高出口密集度时,其出口学习效应也受到了抑制。叶宁华和张伯伟(2017)的研究发现,出口比重越高企业的研发投入越低,这从一定程度上解释了为何高出口密集度的企业出口的生产率临界值越低。正如前文所述,企业的研发创新能力无疑是企业出口学习的保障,高出口密度和较低的研发投入限制了企业的出口学习能力,从而不利于企业通过出口获得生产率的提升。此外,现实中,出口密度较高的企业往往是从事加工贸易的企业,也就是我们通常所说的两头在外的企业,这类企业只负责加工装配环节,很难接触到核心技术,从而通过出口带来的技术提升和改进以及生产率的提升效应往往比较有限。

表 6.1   考虑企业出口密度异质性的估计结果

变量	出口选择行为		出口学习行为	
	劳动生产率	OP 方法	劳动生产率	OP 方法
	(1)	(2)	(3)	(4)
$Start$	0.002	0.002	0.039***	0.046***
	(0.006)	(0.006)	(0.006)	(0.005)
$Continue$	0.072***	0.072***	0.025***	0.042***
	(0.006)	(0.006)	(0.005)	(0.005)
$Exit$	0.005	0.005	0.007	0.0004
	(0.010)	(0.010)	(0.010)	(0.009)
$Start \times Sez$	0.066***	0.066***	−0.002	−0.002
	(0.025)	(0.025)	(0.022)	(0.020)
$Continue \times Sez$	0.129***	0.129***	0.025	0.011
	(0.024)	(0.024)	(0.020)	(0.017)

续表

变量	出口选择行为 劳动生产率 (1)	出口选择行为 OP方法 (2)	出口学习行为 劳动生产率 (3)	出口学习行为 OP方法 (4)
$Exit \times Sez$	0.017	0.017	−0.006	−0.014
	(0.040)	(0.040)	(0.038)	(0.035)
$Start \times Sez \times den$	−0.215***	−0.215***	−0.167***	−0.077*
	(0.062)	(0.062)	(0.057)	(0.052)
$Continue \times Sez \times den$	−0.285***	−0.285***	−0.022	0.018
	(0.055)	(0.055)	(0.046)	(0.040)
$Exit \times Sez \times den$	−0.295***	−0.295***	−0.172*	−0.109
	(0.114)	(0.114)	(0.099)	(0.095)
Sez	0.001	0.001	0.003	−0.008*
	(0.006)	(0.006)	(0.005)	(0.005)
TFP_op			−0.313***	−0.322***
			(0.002)	(0.002)
$Size$	−0.734***	−0.553***	0.061***	0.003
	(0.003)	(0.003)	(0.003)	(0.003)
$Cappc$	0.203***	−0.216***	0.058***	0.001
	(0.001)	(0.001)	(0.001)	(0.001)
$Wage$	0.482***	0.482***	−0.037***	0.014***
	(0.003)	(0.003)	(0.003)	(0.002)
$Duration$	0.072***	0.072***	−0.056***	−0.043***
	(0.002)	(0.002)	(0.002)	(0.002)
FOE	0.068***	0.068***	0.056***	0.029***
	(0.005)	(0.005)	(0.002)	(0.004)
行业效应	控制	控制	控制	控制
地区效应	控制	控制	控制	控制
年份效应	控制	控制	控制	控制
行业年份效应	控制	控制	控制	控制

注：系数下方括号内数值为其稳健标准误，* 表示在10%显著性水平下显著，** 表示在5%显著性水平下显著，*** 表示在1%显著性水平下显著。表中除出口状态变量以外的变量均为其滞后一期的值，绝对值大于1的连续型控制变量均取了对数，上述结果是以长三角地区的开发区为样本获得的。

二、考虑税收政策的影响

就企业的税收负担而言,随着税控技术的进步、税务工作人员专业素质的提升,我国税收的实际征收率趋于上升,企业面对的有效税率越来越高,从而对企业的生产经营与研发创新造成了巨大的压力(林志帆和刘诗源,2017),而降低有效平均税率能够显著提高各类企业的进入率(贾俊雪,2014),同时税收激励能够有效推进企业新增总体投资水平(毛德凤等,2016),税收优惠对企业的研发投入具有显著的激励效应(袁建国等,2016),尤其是专门针对出口的贸易促进政策对企业的出口行为具有显著的影响,研究发现当企业可以享受到出口退税而降低税收负担时,企业的出口数量和出口目的国数量均显著增加(袁劲和刘啟仁,2016)。上述分析表明,税收负担会对企业的生产经营以及贸易行为等产生显著的负向影响,而开发区企业能够享受到相对于非开发区企业更加优惠的税收政策,从而有利于企业投资于技术改进升级、产品质量提升以及培训劳动力等,有助于提高企业在出口市场中的竞争力,使得企业更容易进入出口市场。因此,如果开发区内企业的税收对企业的出口行为的负向影响弱于非开发区的企业,就能在一定程度上反映开发区政策效应的影响。

这里依然在本书基础回归模型的基础上,构建表示企业税收负担(本书用企业的应交所得税的对数来反映企业的税收负担)的变量 tax,在此基础上,加入企业出口状态变量(与前文一致,反映企业出口状态变动的虚拟变量由 $Start$、$Continue$ 和 $Exit$ 表示)、开发区虚拟变量(Sez)与企业税收负担变量 tax 的三重交互项($Start \times Sez \times tax$、$Continue \times Sez \times tax$、$Exit \times Sez \times tax$)来检验税收对开发区内外企业出口选择行为和出口学习行为的影响。表 6.2 给出了考虑税收负担的估计结果。

表 6.2　　　　　　　　　考虑税收负担的估计结果

变量	出口选择行为			出口学习行为	
	OP 方法	劳动生产率		OP 方法	劳动生产率
	(1)	(2)	(3)	(4)	(5)
$Start \times tax$	0.187***	0.189***	0.189***	0.016***	0.016***
	(0.005)	(0.005)	(0.005)	(0.004)	(0.004)
$Continue \times tax$	0.191***	0.192***	0.192***	0.034***	0.033***
	(0.004)	(0.004)	(0.004)	(0.003)	(0.004)
$Exit \times tax$	0.197***	0.198***	0.198***	0.037***	0.042***
	(0.009)	(0.009)	(0.009)	(0.007)	(0.008)
$Start \times Sez \times tax$		−0.015**	−0.015**	−0.005	−0.009*
		(0.006)	(0.006)	(0.004)	(0.004)
$Continue \times Sez \times tax$		−0.009**	−0.009**	0.0002	−0.001
		(0.004)	(0.004)	(0.003)	(0.003)
$Exit \times Sez \times tax$		−0.013	−0.013	−0.006	−0.007
		(0.009)	(0.009)	(0.007)	(0.007)
Sez		−0.351***	−0.351*	−0.185***	−0.242***
		(0.073)	(0.073)	(0.049)	(0.053)
$LagTFP$				−0.317***	−0.314***
				(0.003)	(0.004)
$Size$	−0.569***	−0.746***	−0.746***	0.020***	0.080***
	(0.005)	(0.005)	(0.005)	(0.003)	(0.008)
$Cappc$	−0.212***	0.207***	0.207***	0.036***	0.050***
	(0.002)	(0.002)	(0.002)	(0.003)	(0.002)
$Wage$	0.458***	0.453***	0.453***	−0.007**	−0.064***
	(0.005)	(0.005)	(0.005)	(0.003)	(0.004)
$Duration$	0.086***	0.088***	0.088***	−0.028***	−0.056***
	(0.003)	(0.003)	(0.003)	(0.002)	(0.007)
FOE	0.153***	0.145***	0.145***	0.022***	0.036***
	(0.008)	(0.008)	(0.008)	(0.005)	(0.006)
开发区类型	控制	控制	控制	控制	控制
地区效应	控制	控制	控制	控制	控制
年份效应	控制	控制	控制	控制	控制
行业年份效应	控制	控制	控制	控制	控制

注:系数下方括号内数值为其稳健标准误,*表示在10%显著性水平下显著,**表示在5%显著性水平下显著,***表示在1%显著性水平下显著。表中除出口状态变量以外的变量均为其滞后一期的值,绝对值大于1的连续型控制变量均取了对数,上述结果是以长三角地区的开发区为样本获得的。

表 6.2 中的模型(1)至(3)为企业出口选择行为的估计结果。模型(1)为不考虑开发区影响的全样本的估计结果,新出口企业与税收负担交

互项 $Start \times tax$ 的系数显著为正,说明企业的税收负担越重,进入出口市场的临界生产率水平越高,可见过重的税收负担使得低生产率的企业无力支付进入出口市场的固定成本,从而只有高生产率的企业才能进入出口市场。同样,$Continue \times tax$ 的系数也显著为正,当企业面临较高的税收负担时,只有高生产率的企业才能连续从事出口活动,而过重的税收负担也提升了企业退出出口市场的生产率门槛。模型(2)加入了企业出口状态变量、开发区虚拟变量以及企业税收负担的三重交互项,企业出口状态变量和税收负担的估计结果与模型(1)保持一致,而新出口企业、开发区以及税收负担三重交互项 $Start \times Sez \times tax$ 的系数在5%的水平下显著为负,说明与非开发区的企业相比,开发区内企业的税收负担并没有成为阻碍企业进入出口市场的障碍,这在一定程度上说明了开发区内的各类优惠政策的确有利于减轻企业的税负,降低了企业的生产经营成本以及出口市场进入成本。为了证明上述结果的稳健性,模型(3)中使用企业的劳动生产率作为被解释变量,回归结果与模型(2)高度一致,从而说明了模型(2)中的结果比较稳健。

表6.2中的模型(4)至(5)为分别以OP方法估计的全要素生产率和劳动生产率为被解释变量的出口学习效应的估计结果。所有企业出口状态变量和税收负担变量的交互项在1%的水平下显著为正,可见在开发区外,税收负担越重,企业通过出口带来的生产率的提升越大,对此本书认为主要的原因是过重的税收负担提高了企业进入出口市场的生产率门槛,从而只有高生产率的企业才能够进入出口市场,而高生产率的企业本身就具有极强的学习模仿以及创新能力,故在较高税收的环境下,企业通过出口也能够进一步获得生产率的提升。而位于开发区内的企业,由模型(5)的回归结果可见,在税收负担的影响下企业通过出口依然可以获得生产率的提升,因为 $Start \times tax$ 的系数的绝对值大于 $Start \times Sez \times tax$ 的系数的绝对值,但是生产率提升的幅度要低于开发区外的企业,可能的原因是开发区内大量外资企业的集聚产生的溢出效应在企业不出口的状态下就可以促进企业生产率的提升。其次,开发区内的优惠政策也可能

使得企业过度依赖政策的支持或者寻租等活动阻碍了企业通过创新、学习以及模仿等提高生产率的动力。此外，另一个可能的解释是，由于开发区降低了企业进入出口市场的生产率门槛，从而使得低生产率的企业也能够进入出口市场，而低生产率企业本身的学习能力要低于生产率较高的企业，因此限制了企业通过出口学习促进生产率提升的能力。

三、考虑开发区升级的影响

中国的开发区按照行政级别可以分为省级开发区和国家级开发区，两者最直接的区别在于审批机构的不同，具体而言，省级开发区是由省（自治区、直辖市）人民政府批准设立的，而国家级开发区是由国务院批准设立的。国家级开发区的政策是国家战略布局的反映，而省级开发区的政策更多地反映了当地政府发展本地经济的意愿，同时省级开发区的设立受到建设用地指标的严格约束（向宽虎和陆铭，2015）。由于受到地方行政权限的限制，省级开发区的政策力度往往弱于国家级开发区。此外，国家级开发区的政策具有较强的原则性，省级开发区的政策方向和力度存在较大的区域异质性（高国力，2011）。同样，国家级开发区的审批难度也要大于省级开发区，这也直接反映在开发区的数量方面，截至2018年，我国省级开发区的数量是国家级开发区数量的3.6倍（截至2018年，全国共有省级开发区1991家，国家级开发区552家），长三角地区的省级开发区数量是国家级开发区数量的2.2倍（截至2018年，长三角地区拥有的省级开发区和国家级开发区的数量分别为320家和146家）。在这样的背景下，是否拥有国家级开发区也成为反映地方经济发展水平的一项重要指标，现实中，一方面，地方政府有激励申请设立国家级开发区，另一方面，省级开发区也能够升级为国家级开发区，当省级开发区的综合发展情况以及总体原则符合国家关于省级经济开发区申报国家级开发区的规定之后，便可以由省级开发区所在地的市级政府逐级向上提出申请。在本书的样本期内（1998—2013年），共有60家省级开发区升级为国家级开发区。由于省级开发区升级的一项重要条件是其综合经济发展情况必须达到本地区国家级开发区的中游水平,这样就预示着在升级前省级开发区已经具备了较高的经济发展和产业集聚水平。因此,可以认为省级开发区升级前后最大的区别便是拥有了更加优惠的政策,本书从省级开发区升级的角度评估开发区的政策效应具有一定的合理性。本书以省级开发区升级为国家级开发区这样一个事件为节点,检验其对企业出口行为的影响,在一定程度上也是对开发区政策效应的检验。

为检验开发区升级对企业出口行为的影响,本书首先构建了开发区升级的虚拟变量 $Update$,由于开发区的升级是发生在不同时间的,假设企业 i 所在的开发区在 t 年升级为国家级开发区,那么 t 年及以后的年份 $Update$ 取值为 1, t 年以前 $Update$ 取值为 0。在此基础上,在本书的基础回归模型中加入企业出口状态变量($Start$、$Continue$ 和 $Exit$)、开发区虚拟变量(Sez)以及开发区升级虚拟变量($Update$)的三重交互项对开发区升级的作用效果进行检验。表 6.3 给出了考虑开发区升级效应的估计结果,模型(1)至(2)为企业自我选择行为,模型(1)的被解释变量为滞后一期的 OP 方法计算的全要素生产率,模型(2)为劳动生产率,二者的结果基本一致。因此这里主要根据模型(1)对开发区升级的效应进行分析,新出口企业三重交互项 $Start \times Sez \times Update$ 的系数显著为负,说明省级开发区升级为国家级开发区之后企业进入出口市场的临界生产率水平更低了,由于省级开发区升级为国家级之前其综合经济发展情况必须达到一定的门槛,也就是说在升级之前省级开发区已经具有良好的经济发展绩效,因此可以认为升级反映了开发区优惠政策的净效应,上述结果再次证明了开发区的优惠政策是促进企业出口的重要因素。此外,模型(3)至(4)检验了开发区升级对出口学习效应的影响,同样,重点关注的 $Start \times Sez \times Update$ 的系数显著为负,并且使用不同生产率作为被解释变量都得到了一致的结果,也就是说,开发区升级之后反而扭曲了企业的出口学习效应,再次说明了开发区的政策并不利于企业在出口中获得生产效率的提升。综上所述,开发区升级一方面提高了企业进入出口市场的可能性,促进了更多的企业进入出口市场,但是另一方面也抵消了企业通过出口获得生产率提升。

表 6.3　　考虑开发区升级效应的估计结果

变量	自我选择行为 OP方法 (1)	自我选择行为 劳动生产率 (2)	出口学习行为 OP方法 (3)	出口学习行为 劳动生产率 (4)
$Start$	−0.013**	−0.013**	0.038***	0.020***
	(0.006)	(0.006)	(0.005)	(0.005)
$Continue$	0.061***	0.061***	0.036***	0.025***
	(0.005)	(0.005)	(0.004)	(0.004)
$Exit$	−0.005	−0.005	−0.010	−0.011
	(0.010)	(0.010)	(0.009)	(0.009)
$Start \times Sez \times Update$	−0.171**	−0.171**	−0.126*	−0.135**
	(0.085)	(0.085)	(0.073)	(0.064)
$Continue \times Sez \times Update$	0.027	0.027	0.061	0.085
	(0.116)	(0.116)	(0.079)	(0.082)
$Exit \times Sez \times Update$	−0.408**	−0.408**	−0.256**	−0.202**
	(0.160)	(0.160)	(0.109)	(0.098)
Sez	−0.302***	−0.302***	−0.180***	−0.143***
	(0.039)	(0.039)	(0.031)	(0.031)
$Update$	−0.043*	−0.043*	−0.049***	−0.047**
	(0.024)	(0.024)	(0.018)	(0.018)
$Size$	−0.542***	−0.722***	0.016***	0.036***
	(0.003)	(0.003)	(0.003)	(0.003)
$Wage$	0.463***	0.463***	0.000	−0.049***
	(0.003)	(0.003)	(0.002)	(0.002)
$Cappc$	−0.210***	0.209***	0.047***	−0.183***
	(0.001)	(0.001)	(0.002)	(0.002)
$Duration$	0.073***	0.073***	−0.047***	−0.036***
	(0.002)	(0.002)	(0.002)	(0.002)
FOE	0.046***	0.046***	0.021***	0.010***
	(0.005)	(0.005)	(0.004)	(0.004)

续表

变量	自我选择行为		出口学习行为	
	OP 方法	劳动生产率	OP 方法	劳动生产率
	(1)	(2)	(3)	(4)
LagTFP			−0.306***	−0.334***
			(0.002)	(0.002)
地区效应	控制	控制	控制	控制
年份效应	控制	控制	控制	控制
行业年份效应	控制	控制	控制	控制

注：系数下方括号内数值为其稳健标准误，* 表示在 10% 显著性水平下显著，** 表示在 5% 显著性水平下显著，*** 表示在 1% 显著性水平下显著。表中除出口状态变量以外的变量均为其滞后一期的值，绝对值大于 1 的连续型控制变量均取了对数，上述结果是以长三角地区的开发区为样本获得的。

第三节　开发区集聚效应与企业出口行为

开发区作为集聚高地，在一个更小的特定空间单元里集聚了更多的企业，本书第四章的描述性统计显示，开发区内出口企业的占比、外资企业的占比以及外资企业中的出口企业占比均显著高于开发区外，这在一定程度上说明开发区具有更高的集聚程度。开发区内同类型、同行业或者同一产业链、价值链的企业共聚，使得区内的企业可以同时享受到专业化生产带来的规模经济、大量出口和外资企业共聚所带来的示范效应以及行业间的知识溢出效应。正如本书第三章的理论分析所述，开发区的集聚效应对企业出口选择行为的影响主要是因为其有助于降低企业的生产成本和贸易成本，从而降低企业进入出口市场的临界生产率水平。具体而言，开发区一方面作为大量同类型企业的集聚地，可以通过中间投入品、劳动力市场的共享以及企业之间的知识溢出显著降低企业的生产经营成本，另一方面，开发区作为对外开放的平台，集聚了大量外资和出口企业，形成了明显的示范效应并对非出口企业产生国外市场信息、消费者偏好等方面的显著溢出效应（邱斌和周荣军，2011；赵婷和金祥荣，2011；

Yang and He,2014)。此外,开发区也会对企业的出口学习效应产生影响,一方面,开发区内的产业集聚或者企业的地理集聚产生的知识和技术溢出本身就有助于提高企业的生产率水平;另一方面,开发区内大量出口和外资企业的集聚能够对非出口企业产生明显的示范效应,使非出口企业即使不出口也可以接触到国际市场的信息,因此当非出口企业进入出口市场之后,再通过自身学习所获得的进一步的额外收益就会减少。总之,与开发区外的企业相比,当开发区的集聚效应足够大时,不仅会有利于企业以更低的生产率水平从事出口,同时也可能抑制区内企业通过出口获得的生产效率的提升。

为了更加准确地度量开发区集聚效应的影响,本节一方面检验了开发区的集聚效应对开发区内异质性企业出口行为的影响;另一方面,也检验了开发区对位于其1~5公里范围内的企业出口行为的影响。本书通过企业上图发现,开发区周围集聚了大量的企业,由于这些企业与开发区的距离较近,虽然不能享受到开发区的优惠政策,却能够获得开发区的集聚溢出效应。现实中,大量的企业往往在开发区周围集聚,为区内的企业提供各种配套服务,因此,可以认为开发区对其周围企业出口行为的影响能够避免开发区政策效应的干扰,从而更加直接地反映开发区的集聚效应。

一、开发区内的集聚效应

由于集聚效应的微观基础是企业之间的共享、匹配和学习,对集聚效应最直接的度量也应该以企业之间基于产业链、价值链、产品供应关系、项目合作、人员往来等的合作为基础,然而目前并没有这方面的统计数据供研究者使用。考虑到集聚的本质是大量企业在一定空间范围内的共聚,本节将开发区内的企业数量作为集聚效应的代理变量,检验开发区集聚效应对企业出口行为的影响。本书第四章的描述性统计显示开发区内从事出口的企业比重远远高于开发区外,尤其是开发区内从事出口的外资企业占比远高于非开发区,这在一定程度上说明本书使用企业的数量作为开发区集聚经济的代理变量具有一定的合理性。值得强调的是,由于集聚效应变量是以开发区为单位统计的连续型变量,从而也代表了开发区的集聚程度,具体而言,该指标越大,表明开发区的集聚程度越高,因此本节也是对不同集聚类型开发区作用效果异质性的检验。

这里依然以基准回归中的计量模型为基础,并加入企业出口状态变量($Start$、$Continue$ 和 $Exit$ 表示)和集聚效应变量(Agg,对于开发区内的企业而言,该变量的取值为开发区内的企业数量,对于开发区外的企业而言,该变量的取值为 0,因此,该变量也可以表示企业是否位于开发区)的交互项,交互项的系数反映了集聚效应的影响。出口选择行为模型中显著为负的系数值表示开发区的集聚效应进一步降低了区内企业出口的生产率门槛,显著为正的系数值表示开发区的集聚效应提高了企业出口的临界生产率;同样,出口学习行为模型中交互项的系数如果显著为负,就表明集聚效应在一定程度上抵消了企业通过出口学习获得的生产率提升,反之则说明集聚效应也有助于促进企业的出口学习效应。

表 6.4 给出了考虑开发区集聚效应的估计结果,模型(1)和(2)分别是使用 OP 方法计算的全要素生产率和劳动生产率的滞后期为被解释变量的估计结果,二者得出了较为一致的结论,说明生产率的计算方法并不会干扰本书的实证结果。这里主要根据模型(1)的回归结果进行分析,企业出口状态变量 $Start$、$Continue$ 以及 $Exit$ 的系数显著为正,说明开发区外生产率高的企业出口,而交互项 $Start \times Agg$ 的系数显著为负,表明开发区的集聚效应对开始出口企业出口前的生产率水平产生了负向影响,降低了企业进入出口市场的临界生产率水平,$Continue \times Agg$ 的系数也显著为负,表明与开发区外的连续出口企业相比,在集聚效应的作用下开发区内具有较低生产率的企业也可以连续出口。上述结果进一步说明了开发区内的企业集聚通过信息共享、成本共担等降低了企业的出口市场进入成本,从而证明了本书关于开发区集聚效应的理论预期,也说明开发区的集聚效应是其作用效果的重要来源。上述结果也表明,具有较高集聚度的开发区,区内的企业进入出口市场的临界生产率水平越低,企业更容易从事出口活动。

表 6.4　　　　　　　　考虑开发区集聚效应的估计结果

变量	自我选择行为 OP 方法 (1)	自我选择行为 劳动生产率 (2)	出口学习行为 OP 方法 (3)	出口学习行为 劳动生产率 (4)
$Star$	0.002***	0.024***	0.050***	0.030***
	(0.008)	(0.008)	(0.005)	(0.006)
$Continue$	0.094***	0.094***	0.042***	0.020***
	(0.007)	(0.007)	(0.004)	(0.005)
$Exit$	0.024**	0.024**	0.003	0.006
	(0.012)	(0.012)	(0.009)	(0.010)
$Start \times Agg$	−0.008*	−0.008*	−0.005*	−0.007**
	(0.005)	(0.005)	(0.003)	(0.003)
$Continue \times Agg$	−0.007*	−0.007**	−0.003	−0.003
	(0.004)	(0.004)	(0.002)	(0.003)
$Exit \times Agg$	−0.002	−0.002	−0.007	−0.006
	(0.007)	(0.007)	(0.005)	(0.006)
Sez	−0.702***	−0.351***	−0.225***	−0.267***
	(0.062)	(0.073)	(0.037)	(0.039)
$LagTFP$			−0.318***	−0.298***
			(0.002)	(0.002)
$Size$	−0.593***	−0.702***	0.007***	0.074***
	(0.005)	(0.062)	(0.003)	(0.003)
$Cappc$	−0.207***	−0.773***	0.041***	0.057***
	(0.002)	(0.005)	(0.002)	(0.001)
$Wage$	0.519***	0.519***	0.012***	−0.051***
	(0.004)	(0.004)	(0.002)	(0.003)
$Duration$	0.071***	0.071***	−0.086***	−0.057***
	(0.003)	(0.003)	(0.005)	(0.002)
FOE	0.061***	0.061***	0.031***	0.042***
	(0.006)	(0.006)	(0.004)	(0.004)
开发区类型	控制	控制	控制	控制
地区效应	控制	控制	控制	控制
年份效应	控制	控制	控制	控制
行业年份效应	控制	控制	控制	控制

注：系数下方括号内数值为其稳健标准误，* 表示在 10% 显著性水平下显著，** 表示在 5% 显著性水平下显著，*** 表示在 1% 显著性水平下显著。表中除出口状态变量以外的变量均为其滞后一期的值，绝对值大于 1 的连续型控制变量均取了对数，

上述结果是以长三角地区的开发区为样本获得的。考虑到企业生产率的变化可能存在收敛效应,从而前期的生产率会同时影响企业出口状态和被解释变量,为避免由此带来的偏误,模型(4)和(5)中控制了生产率的滞后项。

模型(4)和模型(5)分别以 OP 方法计算的全要素生产率和劳动生产率的增加值作为被解释变量检验了集聚效应对企业出口学习行为的影响,二者得出了较为一致的结果,说明生产率的计算方法并不会带来估计结果的偏误。下面主要以模型(4)为依据进行分析,企业出口状态变量 Start 和 Continue 的系数依然在 1% 的水平下显著为正,再次证明了开发区外企业出口能够显著促进生产率的提升,存在明显的出口学习效应,而开发区内开始出口企业与集聚的交互项的系数显著为负,考虑到集聚效应变量为连续型变量,说明开发区的集聚效应越大,企业通过出口获得的生产率提升有限。对此本书认为可能的解释是开发区内的集聚效应本身就有助于促进企业生产率的提高,在一定程度上集聚效应和出口学习二者具有一定的互补性,当企业位于开发区内时,由于大量外资和出口企业在此集聚,即使不出口也能获得出口溢出效应。同样,上述结果也说明聚集程度越高的开发区,区内企业通过出口学习获得的生产率提升越有限。

二、开发区的集聚溢出效应

开发区促进地区经济增长的一个重要内在机制便是集聚溢出效应,溢出效应通常是开发区内的企业通过与当地的企业基于产业链、价值链的合作产生的,受限于集聚的空间范围,与开发区距离较近的位于开发区周边的企业更容易受到溢出效应的影响。通过将企业上图,我们发现开发区周围集聚了大量的企业。现实中也可以观察到大量的企业往往在开发区周围集聚,为区内的企业提供各种配套服务。基于此,本节将检验位于开发区 1 公里、3 公里以及 5 公里范围内的企业(不包含开发区内的企业),其出口行为与离开发区较远的企业是否存在显著差异。一方面,开发区周围的企业与开发区的距离较近,虽然不能享受到开发区的优惠政策,却能够获得开发区的集聚溢出效应,开发区对其周围企业出口行为的影响能够避免开发区政策效应的干扰,从而更加纯粹地反映开发区的集聚效应;另一方面,通过设定不同的开发区缓冲区距离,也能够检验开发区集聚经济的辐射范围。

就本节所使用的样本而言,利用 ArcGIS 软件,以开发区为中心,分别对每个开发区设置 1 公里、3 公里、5 公里等不同距离的缓冲区(缓冲区不包含开发区),再将企业上图,并分别筛选出位于上述缓冲区范围内的企业,最终生成一个虚拟变量 $BufferDummy$ 来反映企业是否位于开发区相应的缓冲区内。具体而言,如果第 n 年($n=1998,\ldots,2013$)企业位于第 n 年及以前成立的开发区 1 公里(3 公里或者 5 公里)的缓冲区内时,该变量取值为 1,否则为 0。值得强调的是,为了避免干扰,本节的样本中没有包含位于开发区内的企业。在此基础上,利用 Logit 出口概率模型,基于长三角地区的制造业企业检验了开发区的集聚溢出效应如何影响其周围异质性企业的出口选择行为。

实证结果如表 6.5 所示,1 公里缓冲区的实证结果显示,企业 TFP 的系数在 1% 的水平上显著为正,而企业 TFP 与 1 公里缓冲区虚拟变量 $BufferDummy$ 交互项的系数显著为负,但后者系数的绝对值小于前者,同样,3 公里缓冲区的实证结果也得出了类似的结论。上述结果表明,总体来看,无论是位于开发区 1～3 公里缓冲区范围内的企业还是距离开发区较远的企业,其出口行为均符合异质性企业贸易理论模型高生产率企业出口的理论预期,但位于开发区周围 1～3 公里范围内企业出口的生产率临界值显著低于距离开发区更远的企业,从而更容易进入出口市场。上述结论证实了本书理论部分提出的开发区集聚效应的作用机制,开发区周边的企业通过与区内企业的交流与合作,能够享受到生产经营以及出口等各方面的知识和技术溢出,从而降低其生产经营以及贸易成本,使得一部分生产率较低的企业进入了出口市场,从而拉低了整体的临界生产率水平。此外,从开发区 5 公里缓冲区的实证结果来看,企业 TFP 的系数显著为正,TFP 与 5 公里缓冲区虚拟变量 $BufferDummy$ 交互项的系数为负,但是不显著,表明开发区对其 5 公里范围内企业的出口行为没有显著的影响,这也说明开发区集聚效应的辐射范围是有限的。

表 6.5　　　　　考虑开发区集聚溢出效应的估计结果

变量	自我选择行为(Logit 估计) OP 方法		
	1 公里缓冲区	3 公里缓冲区	5 公里缓冲区
TFP_op	0.071***	0.141***	0.088**
	(0.008)	(0.042)	(0.036)
$TFP\_op \times BufferDummy$	−0.069***	−0.112**	−0.056
	(0.017)	(0.044)	(0.038)
$BufferDummy$	0.166***	0.441***	0.256**
	(0.061)	(0.142)	(0.120)
$Size$	0.363***	0.348***	0.354***
	(0.012)	(0.020)	(0.016)
$Cappc$	0.041***	0.061***	0.063
	(0.005)	(0.008)	(0.007)
$Wage$	0.089***	0.100***	0.101***
	(0.011)	(0.017)	(0.014)
$Duration$	0.522***	0.489***	0.481***
	(0.009)	(0.015)	(0.013)
FOE	1.046***	1.097***	1.072***
	(0.017)	(0.024)	(0.020)
地区效应	控制	控制	控制
年份效应	控制	控制	控制
行业年份效应	控制	控制	控制

注:系数下方括号内数值为其稳健标准误,* 表示在 10% 显著性水平下显著,** 表示在 5% 显著性水平下显著,*** 表示在 1% 显著性水平下显著。表中除出口状态变量以外的变量均为其滞后一期的值,绝对值大于 1 的连续型控制变量均取了对数,上述结果是以长三角地区的开发区为样本获得的。1 公里缓冲区指开发区周围 1 公里范围内的企业,3 公里缓冲区指开发区周围 3 公里范围内的企业,5 公里缓冲区指开发区周围 5 公里范围内的企业。上述样本中剔除了位于开发区内的企业。

第四节 本章小结

在前文对开发区影响企业出口行为的总体效应进行检验的基础上，本章依然以长三角地区的所有国家级和省级开发区为研究对象，使用1998—2013年的中国工业企业数据库中的制造业企业数据，从开发区政策效应和集聚效应的角度进一步探讨了开发区影响异质性企业出口行为的作用机制。本章分别从企业出口密度异质性、税收负担以及开发区升级的角度对开发区的政策效应进行了检验。此外，考虑到开发区的集聚效应主要来源于企业间的溢出效应，本章将每个开发区内的企业数量作为开发区集聚效应的代理变量，检验了开发区内集聚效应的作用。同时，还实证分析了开发区对其周围1~5公里范围内企业出口行为的影响，一方面是对开发区集聚溢出效应的检验，另一方面也是对开发区辐射空间范围的验证。研究结论显示开发区内高出口密度的企业进入出口市场的临界生产率水平更低，但是其通过出口获得的生产率水平提升比较有限，对此本书认为主要的原因是开发区内专门针对高出口密度企业的出口促进政策补偿了企业的生产和出口成本，从而使得低生产率企业选择以高出口密度的方式从事出口，而低生产率企业的学习能力相对有限，从而通过出口获得的生产率提升也相对有限。此外，对开发区外的企业而言，较高的税收负担提高了企业进入出口市场的生产率水平，降低了企业出口的可能性，而税收负担并不会影响开发区内企业的出口生产率水平，反而税收负担越重，企业出口的生产率门槛越低，这主要是因为开发区内的各种补贴和优惠政策能够弥补企业的生产和贸易成本，从而降低了生产率在企业出口中的决定作用。另一个反映开发区政策效应的开发区升级的实证结果得出了相似的结论，省级开发区升级为国家级之后显著降低了企业出口的生产率临界值，但是也降低了企业通过出口学习获得的生产率提升效果。最后，就开发区的集聚效应而言，在开发区内，具有较高集聚程度的开发区显著降低了区内企业出口的生产率门槛，开发区的集聚程度越高，企业出口的生产率临界值也越低，对此本书认为开发区的集聚效应通过信息共享、成本共担降低了企业进入出口市场的成本；与此相对应，开发区的集聚效应反而抵消了企业通过出口获得的生产率提高效果，开发区的集聚程度越高，企业的出口学习效应越不明显，主要是因为开发区的集聚效应和出口学习效应二者具有互补性，集聚效应本身就有助于企业生产率的提升。此外，就开发区的集聚溢出效应而言，开发区能够显著降低其周围1~3公里范围内企业出口的生产率临界值，但对其周围5公里范围内企业的出口行为没有显著的影响，从而说明开发区具有显著的集聚溢出效应，但是其集聚的辐射范围是有限的。

第七章　总结与政策建议

第一节　本书结论

"地区导向型"政策在全球区域经济发展实践中作为政府促进特定地区发展与崛起的重要手段得到了广泛的使用。其中,开发区作为最常见的区位导向型政策之一,是国家或者地区设立的具有明确经济目标的一片特定区域,与其他区域相比,开发区往往具有更加良好的政策环境或者制度安排(林毅夫等,2018)。开发区亦是中国地区导向型政策的重要内容,中国的开发区在形态上是具备大量优惠政策、良好营商环境、制度安排以及基础设施的空间单元,在功能上是对外开放的重要窗口,是吸引外来投资、引进先进技术和管理经验、推动产业集聚和结构调整、促进就业和经济增长的重要平台。尤其是开发区作为中国外向型经济发展的重要平台,在推动我国贸易活动的发展中起到了重要作用,与此同时,开发区也成为大量企业(尤其是外资和出口企业)集聚的重要空间单元。企业作为经济活动的微观主体,其生产经营以及贸易活动必将受到其所处的宏观环境的影响,与非开发区的企业相比,开发区的企业可以享受到财政上的补贴、税收上的减免、融资上的便利以及更加精简高效的制度安排所带来的交易成本的节约,这势必会对企业的出口行为产生影响。此外,以Melitz(2003)为代表的异质性企业贸易理论指出,进入出口市场的企业必须支付市场开拓、了解消费者偏好、满足国外市场标准等各方面的固定成本，从而只有生产效率较高的企业才能进入出口市场，并将此称为企业出口选择行为；而对于成功进入出口市场的企业，国际市场更加激烈的竞争决定了出口企业往往具有更加先进的技术和管理水平，因此，从事出口的企业能够通过"出口学习"获得海外市场的知识，学习到先进的技术和经验，从而提高产品质量和管理水平，生产率能够得到进一步提升，学者们将出口促进企业生产率提升的现象称为企业的出口学习行为。

在这样的背景下，本书从开发区的角度入手，研究开发区政策对区内异质性企业出口行为的影响，包括企业在进入出口市场前的出口选择行为以及进入出口市场之后的出口学习行为，探讨开发区影响企业出口行为的理论机制并提供来自微观企业层面的经验证据。我们首先从经济学的视角探讨了开发区影响企业出口行为的作用机制。由于开发区是我国重要的政策高地和集聚高地，本书主要从开发区的政策效应和集聚效应入手，详细论述了开发区政策效应和集聚效应的来源，以此为基础，分析了两种效应对企业出口选择行为和学习行为的影响。在此基础上，本书以 Melitz(2003)的异质性企业贸易理论模型为基础，从企业出口固定成本和可变成本的角度入手，分析了开发区如何影响企业的出口选择行为。本书的理论分析指出，对企业的出口选择行为而言，开发区所提供的一系列优惠政策以及区内大量企业共聚形成的溢出效应能够显著降低企业进入出口市场的固定成本，并弥补企业的可变成本，从而降低了企业进入出口市场的生产率临界值，使得低生产率企业也能够进入出口市场。就企业的出口学习行为而言，开发区过多的优惠政策也可能会使企业形成一定的政策依赖，降低企业的竞争意识和学习创新的内在动力，从而不利于企业通过出口促进生产率提升，而开发区内大量外资和出口企业的集聚，非出口企业通过与外资企业以及出口企业之间的信息共享和知识溢出等本身就可以获得出口市场的溢出效应，从而导致企业进入出口市场之后所能获得的生产率提升受到抑制。

在理论分析的基础上，本书使用微观企业数据对开发区影响企业出口行为的效果进行了实证分析。具体而言,本书使用1998—2013年(不包括2010年)中国工业企业数据库中的制造业企业数据,以长三角地区(沪、苏、浙、皖)2013年及以前成立的110家国家级开发区和323家省级开发区为研究对象,构造了包含开发区信息的由连续存在两年及以上的非出口企业及新出口企业构成的非平衡面板数据,基于Baldwin和Gu(2003)及Wagner(2007)的方法检验开发区对企业出口选择行为和出口学习行为的影响。结果显示,相对于非开发区的企业,开发区内的开始出口企业在上一期往往具有较低的生产率,这在一定程度上表明与异质性企业贸易理论相一致,开发区外生产率高的企业出口,而开发区显著降低了企业进入出口市场的生产率门槛,使得开发区内生产率低的企业也能够进入出口市场,从而得出了与异质性企业贸易理论相反的结论。此外,就企业的出口学习行为而言,开发区外的企业出口能够带来明显的生产率提升,而开发区内的企业出口虽然也能促进生产率的提升,但是生产率提升的幅度要小于开发区外的企业。在此基础上,文章分别基于Logit、近邻匹配估计对企业的出口选择行为和出口学习行为进行了重新检验,结论仍然成立。

此外,考虑到开发区本身存在的选择效应,本书进一步使用Heckman两阶段法对企业的出口选择行为进行了实证检验,发现控制出口选择之后的结论依然符合本书的理论预期。同样,由于不同的开发区其经济目标和政策措施存在一定的差别,尤其是出口加工区和保税区的定位更加侧重于国际贸易,政策补贴和税收优惠具有更强的出口导向性且力度会更大,此外区内更多出口企业集聚产生的溢出效应也更强,因此,我们进一步对比分析了出口加工区和其他类型开发区的作用效果,发现出口加工区内企业出口的生产率临界值要显著低于其他类型开发区,从而说明出口导向型政策的优惠力度越大,企业进入出口市场的生产率水平越低。考虑到外资企业相对于内资企业具有更强的出口倾向,本书进一步分外资企业和内资企业样本对开发区影响企业出口行为的作用进行了检验,发现外资企业是造成低生产率企业出口的重要原因,开发区外即使是低生产率的外资企业也能进入出口市场，而开发区进一步降低了外资企业出口的生产率门槛。就内资企业而言，开发区内企业出口的生产率临界值低于开发区外，但是开发区外内资企业的出口选择行为符合异质性企业贸易理论，即生产率高的企业进入出口市场。

在发现开发区扭曲了企业的出口选择行为和出口学习行为的基础上，本书进一步探索了产生上述现象的作用机制。具体而言，基于开发区作为政策高地和集聚高地的事实，本书主要聚焦于开发区的政策效应和集聚效应两个方面，分别检验了这两种效应如何作用于企业的出口选择行为和出口学习行为。就开发区的政策效应而言，本书分别从企业出口密度、税收政策以及开发区升级的角度入手，发现开发区内企业的出口密度越高，其进入出口市场的临界生产率水平越低，同样，开发区内高密度出口企业的学习效应也相对有限。对税收政策的分析表明，开发区外企业的税收负担推升了其进入出口市场的生产率水平，税收负担越重，企业进入出口市场的生产率水平越高，而开发区内企业的税收负担并没有成为阻碍企业进入出口市场的障碍，这在一定程度上说明了开发区内的各类优惠政策的确有利于减轻企业的税负，降低了企业的生产经营成本以及出口市场进入成本。在此基础上，本书检验了开发区升级的作用效果，发现省级开发区升级为国家级开发区之后显著降低了企业进入出口市场的生产率临界值，同时开发区升级之后企业从出口中获得的生产率提升受到了限制。此外，就开发区的集聚效应而言，从开发区层面来看，具有较高集聚度的开发区内的企业进入出口市场的生产率临界值也越低，同样，开发区较高的集聚度也限制了企业的出口学习效应，从企业层面来看，企业所在开发区的集聚程度越高，企业进入出口市场的生产率门槛越低，从而有更多的企业进入出口市场，可见开发区的高集聚度扩展了企业出口的广延边际。另外，开发区的集聚效应也限制了企业通过出口学习获得的生产率提升，这在一定程度上反映了集聚效应和出口学习效应二者之间具有互补效应，集聚效应在一定程度上抵消了企业出口学习效应。同时，本书还发现开发区对其周围1~3公里范围内的企业产生了显著的集聚溢出效应,能够明显降低企业进入出口市场的临界生产率水平,但是开发区的集聚辐射范围相对有限,在本书的研究中只存在于开发区周围5公里的范围内。

进入新时期,考虑到开发区作为我国对外开放的平台,必须更好地发挥其在国家实现更加全面的对外开放中的作用,本书的研究具有重要的理论意义和现实意义,一方面就理论意义而言:第一,本书借助地理信息技术更加准确地界定了长三角地区(江、浙、沪、皖)的开发区并识别了开发区内的企业,从而将区域经济学研究的空间单元从传统的以行政区(省、市、县等)为单位拓展到了更加精准、更加小尺度的开发区,并通过企业上图来获取开发区内的企业信息,突破了传统的数据来源以行政区为基本单元的局限性。第二,本书的研究从理论上阐述了开发区政策效应和集聚效应对区内异质性企业出口行为的影响,丰富了开发区政策效果的微观基础,尤其是从微观企业的角度为开发区出口导向型作用的有效性提供了理论解释。第三,本书以新新贸易理论的异质性企业贸易理论为基础,通过拓展 Melitz(2003)及 Melitz 和 Ottaviano(2008)异质性企业贸易模型,并结合 Defever 和 Riaño(2012)关于出口份额补贴影响企业出口密度的模型,建立了开发区政策影响异质性企业出口选择行为的理论模型,借此阐释开发区政策对异质性企业出口选择效应的作用机制,是对异质性企业贸易模型的补充和完善,尤其是本书考虑了开发区内的企业出口行为,拓展了模型的覆盖范围,在一定程度上提高模型对现实的解释力。另一方面,就现实意义而言,第一,本书从微观企业的角度探索我国开发区发挥对外开放平台作用的机制和路径,并总结开发区在促进我国外向型经济发展中的经验和教训,从而有利于我国在"一带一路"的发展中更好地推广中国的开发区模式。第二,为长三角地区开发区的发展情况提供直观的经验证据,本书系统地梳理了长三角地区开发区的空间分布、发展阶段和优惠政策,在此基础上,比较分析了开发区内外企业集聚、出口以及生产率等基本特征。第三,本书通过分析开发区的政策如何作用于企业的出口行为,对于开发区如何着力为企业创造良好的创新环境和经营环境,提高区内企业出口产品质量和产出效率,更好地发挥开发区对外开放的平台作用并促进开发区健康可持续发展提供了借鉴。

第二节　政策建议

过去40多年开发区作为我国改革开放的试验场,在管理体制创新、营商环境改善、产业集聚引导以及促进外向型经济发展中取得了显著的成效,尤其是,开发区极大地推动了我国出口贸易的发展,开发区的各类优惠政策措施有力地促进了企业的出口。进入新时期,随着我国经济由高速增长转向质量提升阶段,建设现代化经济体系成为新时期我国经济发展的战略目标,为了实现这一目标必须在始终坚持改革开放的前提下实现更加全面的对外开放,而开发区作为中国改革开放的重要平台必须更好地发挥其作用。2019年国务院发布了指导我国开发区发展的纲领性文件《关于推进国家级经济技术开发区创新提升打造改革开放新高地的意见》(下面简称《意见》),《意见》指出开发区的发展必须进一步激发对外经济活力、打造改革开放新高地,进而实现高质量发展。企业作为开发区的微观主体,其行为特征和发展现状是评价开发区绩效的最为直接的途径,本书紧紧围绕开发区作为我国外向型经济发展平台的特点,从其对企业出口行为影响的角度评价了开发区的绩效,在新时期国家提出将开发区打造成改革开放的新高地的条件下,本书的研究结论具有一定的政策启示。

第一,开发区的发展应以打造良好的营商环境进而提升企业的市场竞争力为目标。在贸易数量已经达到较高水平的情况下,我国未来应该更加重视开放质量的提升,这就要求不断提高出口企业的创新能力和生产率水平。本书的研究显示开发区确实有利于促进企业出口,主要是因为开发区促进了低生产率的企业从事出口活动,但是开发区的优惠政策很容易使得企业形成依赖从而产生创新惰性,最终限制了企业通过出口学习促进生产率提升。在未来的发展中,开发区作为我国对外开放的主要平台和出口企业的主要集聚地,需要将着力点放在为企业创造良好的创新环境和经营环境,对企业的政策重心更应该放到对企业产品质量和产出效率的提升上面,逐步打破企业出口的低水平循环,增强企业在国际市场上的高端竞争力,避免因过度扶持而导致企业出现创新惰性。

第二,开发区的发展需更好地发挥市场在资源配置中的作用。在过去 40 多年的发展中,开发区凭借政策优势吸引了一大批企业在区内集聚,同时也通过优惠的出口促进政策推动了我国外向型经济的发展。但是随着全球化的不断推进和我国对外开放程度的不断提高,必须让市场在资源配置中发挥决定性的作用,尊重市场竞争的优胜劣汰机制。本书的研究发现,开发区内的一系列优惠政策通过降低企业出口的生产率门槛从而显著促进了企业出口,尤其是使得一部分低生产率的原本不能从事出口的企业进入了出口市场,而开发区外的企业完全符合异质性企业贸易理论的预期,这说明开发区保护了低效率的企业在市场竞争中不被淘汰,在一定程度上扭曲了企业的资源配置。在未来的发展中,开发区必须减少政府这只"看得见的手"对企业经济活动的干预,减少对企业选址和生产经营活动的引导,充分发挥市场的作用。

第三,开发区的发展需进一步提升集聚经济效应及其对周边企业的辐射能力。产业集聚有利于企业实现规模经济,并且通过企业之间的共享、匹配和学习机制提高企业的生产效率,本书的研究发现,开发区的集聚效应不仅显著降低了开发区内企业的出口市场进入成本,从而促进了企业出口,而且有助于企业生产效率的提升;与此同时,开发区对其周围 1~3 公里范围内的企业产生了明显的集聚溢出效应,显著降低了企业进入出口市场的临界生产率水平。因此,在未来的发展中,开发区的发展需通过营造良好的营商环境,促进开发区内企业之间基于产业链或者价值链的合作,支持企业建设新兴产业发展联盟和产业技术创新战略联盟;在此基础上,进一步加强开发区对本地经济发展的辐射带动作用,通过创造良好的环境促进开发区与本地企业之间的合作,进一步提高开发区的辐射能力和辐射范围;更重要的是,不同的开发区之间应该通过产业集群共建等方式消除竞争,在合作中实现开发区发展的规模经济,更好地辐射带动区外企业的发展。

第四,不断提高出口企业的创新能力、技术水平以及产品附加值。随着我国劳动力成本的上升、市场机制的不断健全以及全球竞争秩序的不断规范,针对出口企业的补贴和优惠政策必将不可持续,从而低生产率企业出口的可能性将会逐渐降低。在这样的背景下,企业只有加大研发投入、掌握核心技术、生产高端产品,才能在国际市场上占据竞争优势,也只有这样才能满足我国发展先进制造业的要求。

参考文献

[1]安虎森、皮亚彬、薄文广:《市场规模、贸易成本与出口企业生产率"悖论"》,《财经研究》2013年第5期,第41—50页。

[2]白雪洁、姜凯、庞瑞芝:《我国主要国家级开发区的运行效率及提升路径选择——基于外资与土地利用视角》,《中国工业经济》2008年第8期,第26—35页。

[3]包群、邵敏、Ligang Song:《地理集聚、行业集中与中国企业出口模式的差异性》,《管理世界》2012年第9期,第61—75页。

[4]包群、叶宁华、邵敏:《出口学习、异质性匹配与企业生产率的动态变化》,《世界经济》2014年第4期,第26—48页。

[5]卞泽阳、李志远、徐铭遥:《开发区政策、供应链参与和企业融资约束》,《经济研究》2021年第10期,第88—104页。

[6]曹清峰:《国家级新区对区域经济增长的带动效应——基于70大中城市的经验证据》2020年第7期,第43—60页。

[7]陈钊、熊瑞祥:《比较优势与产业政策效果——来自出口加工区准实验的证据》,《管理世界》2015年第8期,第67—80页。

[8]陈诗一、陈登科:《中国资源配置效率动态演化——纳入能源要素的新视角》,《中国社会科学》2017年第4期,第67—83页。

[9]陈旭、邱斌、刘修岩:《空间集聚与企业出口:基于中国工业企业数据的经验研究》,《世界经济》2016年第8期,第94—117页。

[10]陈翼然、张亚蕊、张瑞、苏涛永:《开发区政策的升级与叠加对创新的作用效果研究》,《中国软科学》2021年第10期,第92—102页。

[11]戴觅、余淼杰:《企业出口前研发投入、出口及生产率进步——来自中国制造业企业的证据》,《经济学(季刊)》2011年第11卷第1期,第211—230页。

[12]戴觅、余淼杰、Maitra M.:《中国出口企业生产率之谜:加工贸易的作用》,

《经济学(季刊)》2014 年第 13 卷第 2 期,第 675—698 页。

[13]范剑勇、冯猛:《中国制造业出口企业生产率悖论之谜:基于出口密度差别上的检验》,《管理世界》2013 年第 8 期,第 16—29 页。

[14]高国力:《我国省级开发区升级的区域分布及发展思路研究》,《甘肃社会科学》2011 年第 6 期,第 36—40 页。

[15]郭小碚、张伯旭:《对开发区管理体制的思考和建议——国家级经济技术开发区调研报告》,《宏观经济研究》2007 年第 10 期,第 9—14 页。

[16]韩剑、王静:《中国本土企业为何舍近求远:基于金融信贷约束的解释》,《世界经济》2012 年第 1 期,第 98—113 页。

[17]胡彬、郑秀君:《开发区功能演化与职能职责重构》,《区域经济》2011 年第 8 期,第 62—68 页。

[18]黄顺武、刘海洋、李婷:《地方政府官员能否提振本地企业出口——来自中国地级市市长和市委书记的证据》,《国际贸易问题》2017 年第 8 期,第 40—50 页。

[19]贾俊雪:《税收激励、企业有效平均税率与企业进入》,《经济研究》2014 年第 7 期,第 94—109 页。

[20]金祥荣、刘振兴、于蔚:《企业出口之动态效应研究——来自中国制造业企业的经验:2001—2007》,《经济学(季刊)》2012 年第 11 卷第 3 期,第 1097—1112 页。

[21]孔令丞、柴泽阳:《省级开发区升格改善了城市经济效率吗?——来自异质性开发区的准实验证据》,《管理世界》2021 年第 1 期,第 60—75 页。

[22]李春顶:《中国出口企业是否存在"生产率悖论"——基于中国制造业企业数据的检验》,《世界经济》2010 年第 7 期,第 64—81 页。

[23]李春顶:《中国企业"出口—生产率悖论"研究综述》,《世界经济》2015 年第 5 期,第 148—175 页。

[24]李春顶、石晓军、邢春冰:《出口—生产率悖论:对中国经验的进一步考察》,《经济学动态》2010 年第 8 期,第 90—95 页。

[25]李春顶、尹翔硕:《我国出口企业的"生产率悖论"及其解释》,《财贸经济》2009 年第 11 期,第 84—90 页。

[26]李红、包群、谢娟娟:《出口退税与虚假贸易——来自失踪出口之谜的经验证据》,《经济学(季刊)》2019 年第 18 卷第 2 期,第 661—680 页。

[27]李贲、吴利华:《开发区设立与企业成长:异质性与机制研究》,《中国工业经

济》2018 年第 4 期,第 79—97 页。

[28]李丽霞、李培鑫、张学良:《开发区政策与中国企业"出口—生产率悖论"》,《经济动态》2020 年第 7 期,第 65—83 页。

[29]李力行、申广军:《经济开发区、地区比较优势与产业结构调整》,《经济学(季刊)》2015 年第 14 卷第 3 期,第 885—910 页。

[30]李强、陈宇琳、刘精明:《中国城镇化"推进模式"研究》,《中国社会科学》2012 年第 7 期,第 82—100 页。

[31]林毅夫、向为、余淼杰:《区域型产业政策与企业生产率》,《经济学(季刊)》2018 年第 17 卷第 2 期,第 781—800 页。

[32]林志帆、刘诗源:《税收负担与企业研发创新——来自世界银行中国企业调查数据的经验证据》,《财政研究》2017 年第 2 期,第 98—112 页。

[33]刘晴、程玲、邵智、陈清萍:《融资约束、出口模式与外贸转型升级》,《经济研究》2017 年第 5 期,第 75—88 页。

[34]刘晴、张燕、张先锋:《为何高出口密度企业的生产率更低——基于固定成本异质性视角的解释》,《管理世界》2014 年第 10 期,第 42—51 页。

[35]刘怡、耿纯:《出口退税对出口产品质量的影响》,《财政研究》2016 年第 5 期,第 2—17 页。

[36]刘瑞明、赵仁杰:《西部大开发:增长驱动还是政策陷阱——基于 PSM-DID 方法的研究》,《中国工业经济》2015 年第 6 期,第 32—43 页。

[37]刘振兴、金祥荣:《出口企业更优秀吗——基于生产率视角的考察》,《国际贸易问题》2011 年第 5 期,第 110—120 页。

[38]刘竹青、佟家栋:《要素市场扭曲、异质性因素与中国企业的出口——生产率关系》,《世界经济》2017 年第 12 期,第 76—97 页。

[39]毛德凤、彭飞、刘华:《税收激励对企业投资增长与投资结构偏向的影响》,《经济学动态》2016 年第 7 期,第 75—87 页。

[40]毛其淋、许家云:《政府补贴对企业新产品创新的影响——基于补贴强度"适度区间"的视角》,《中国工业经济》2015 年第 6 期,第 94—107 页。

[41]孟美侠、曹希广、张学良:《开发区政策影响中国产业空间集聚吗——基于跨越行政边界的集聚视角》,《中国工业经济》2019 年第 11 期,第 79—97 页。

[42]聂辉华、贾瑞雪:《中国制造业企业生产率和资源误置》,《世界经济》2011 年

第 7 期,第 27—42 页。

[43]聂辉华、江艇、杨汝岱:《中国工业企业数据库的使用现状和潜在问题》,《世界经济》2012 年第 5 期,第 142—158 页。

[44]钱学锋、潘莹、毛海涛:《出口退税、企业成本加成与资源误置》,《世界经济》2015 年第 8 期,第 80—106 页。

[45]钱学锋、王菊蓉、黄云湖、王胜:《出口与中国工业企业的生产率——自我选择效应还是出口学习效应》,《数量经济技术经济研究》2011 年第 2 期,第 37—51 页。

[46]邱斌、刘修岩、赵伟:《出口学习抑或自选择:基于中国制造业微观企业的倍差匹配检验》,《世界经济》2012 年第 4 期,第 23—40 页。

[47]邱斌、周荣军:《集聚与企业的出口决定——基于中国制造业企业层面数据的实证分析》,《东南大学学报(哲学社会科学版)》2011 年第 6 期,第 9—14 页。

[48]阮青:《创新开发区管理体制:以上海为例》,《科学发展》2010 年第 9 期,第 23—30 页。

[49]邵朝对、苏丹妮:《产业集聚与企业出口国内附加值:GVC 升级的本地化路径》,《管理世界》2019 年第 8 期,第 9—29 页。

[50]沈鸿、顾乃华、陈丽娴:《开发区设立、产业政策与企业出口——基于二元边际与地区差异视角的实证研究》,《财贸研究》2017 年第 12 期,第 1—14 页。

[51]盛丹:《地区行政垄断与我国企业出口的"生产率悖论"》,《产业经济研究》2013 年第 4 期,第 70—80 页。

[52]盛丹、包群、王永进:《基础设施对中国企业出口行为的影响:"集约边际"还是"扩展边际"》,《世界经济》2011 年第 1 期,第 17—36 页。

[53]盛丹、张国峰:《开发区与企业成本加成率分布》,《经济学(季刊)》2017 年第 17 卷第 1 期,第 299—332 页。

[54]施炳展、逯建、王有鑫:《补贴对中国企业出口模式的影响:数量还是价格?》,《经济学(季刊)》2013 年第 12 卷第 4 期,第 1413—1442 页。

[55]施炳展、冼国明:《要素价格扭曲与中国工业企业出口行为》,《中国工业经济》2012 年第 2 期,第 47—56 页。

[56]苏振东、洪玉娟、刘璐瑶:《政府生产性补贴是否促进了中国企业出口?——基于制造业企业面板数据的微观计量分析》,《管理世界》2012 年第 5 期,第 24—42 页。

[57]孙楚仁、陈思思、张楠:《集聚经济于城市出口增长的二元边际》,《国际贸易问题》2015年第10期,第59—72页。

[58]孙伟增、吴建峰、郑思齐:《区位导向性产业政策的消费带动效应——以开发区政策为例的实证研究》,《中国社会科学》2018年第12期,第48—68。

[59]孙灵燕、李荣林:《融资约束限制中国企业出口参与吗?》,《经济学(季刊)》2011年第11卷第1期,第231—252页。

[60]谭静、张建华:《开发区政策与企业生产率——基于中国上市企业数据的研究》,《经济学动态》2019年第1期,第43—59页。

[61]汤二子:《中国企业"出口—生产率悖论":理论裂变与检验重塑》,《管理世界》2017年第2期,第30—187页。

[62]汤二子、刘海洋:《中国出口企业的"生产率悖论"与"生产率陷阱"——基于2008年中国制造业企业数据实证分析》,《国际贸易问题》2011年第9期,第34—47页。

[63]唐诗、包群:《高新技术产业开发区提升了出口技术复杂度吗》,《首都经济贸易大学学报》2017年第6期,第45—54页。

[64]佟家栋、刘竹青:《地理集聚与企业的出口抉择:基于外资融资依赖角度的研究》,《世界经济》2014年第7期,第67—85页。

[65]王兵、聂欣:《产业集聚与环境治理:助力还是阻力》,《中国工业经济》2016年第12期,第75—89页。

[66]王勇、朱雨辰:《论开发区经济的平台性和政府的作用边界——基于双边市场理论的视角》,《经济学动态》2013年第11期,第12—19页。

[67]王永进、张国峰:《开发区生产率优势的来源:集聚效应还是选择效应》,《经济研究》2016年第7期,第58—71页。

[68]文东伟、冼国明:《中国制造业的空间聚集与出口:基于企业层面的研究》,《管理世界》2014年第10期,第57—74页。

[69]吴敏、黄玖立:《"一揽子"政策优惠与地区出口——开发区与区外地区的比较》,《南方经济》2012年第7期,第87—102页。

[70]吴敏、黄玖立:《省级开发区、主导产业与县域工业发展》,《经济学动态》2017年第1期,第52—61页。

[71]吴敏、刘冲、黄玖立:《开发区政策的技术创新效应——来自专利数据的证

据》,《经济学(季刊)》2021年第5期,第1817—1838页。

[72]吴一平、李鲁:《中国开发区政策绩效评估:基于企业创新能力的视角》,《金融研究》2017年第6期,第126—141页。

[73]向宽虎、陆铭:《发展速度与质量的冲突——为什么开发区政策的区域分散倾向是不可持续的》,《财经研究》2015年第4期,第4—17页。

[74]项松林、马卫红:《出口企业具有学习效应吗?——基于中国企业微观数据的经验分析》,《世界经济研究》2013年第10期,第37—42页。

[75]杨本建、黄海珊:《城区人口密度、厚劳动力市场与开发区企业生产率》,《中国工业经济》2018年第8期,第78—96页。

[76]阳佳余:《融资约束与企业出口行为:基于工业企业数据的经验研究》,《经济学(季刊)》2012年第11卷第4期,第1503—1524页。

[77]叶宁华、包群、邵敏:《空间集聚、市场拥挤与我国出口企业的过度扩张》,《管理世界》2014年第1期,第58—72页。

[78]叶宁华、张伯伟:《地方保护、所有制差异与企业市场扩张选择》,《世界经济》2017年第6期,第98—119页。

[79]叶修群:《保税区、出口加工区与贸易开放——基于倍差法的实证研究》,《中央财经大学学报》2017年第7期,第116—125页。

[80]易靖韬、傅佳莎:《企业生产率与出口:浙江省企业层面的证据》,《世界经济》2011年第5期,第74—92页。

[81]于洪霞、龚六堂、陈玉宇:《出口固定成本融资约束与企业出口行为》,《经济研究》2011年第1期,第55—67页。

[82]袁建国、范文林、程晨:《税收优惠与企业技术创新——基于中国上市公司的实证研究》,《税务研究》2016年第10期,第28—33页。

[83]袁劲、刘啟仁:《出口退税如何影响异质性产品的出口——来自企业、产品和目的国三维数据的证据》,《国际贸易问题》2016年第6期,第105—115页。

[84]袁其刚、刘斌、朱学昌:《经济功能区的"生产率效应"研究》,《世界经济》2015年第5期,第81—104页。

[85]曾道智、[日]高塚创:《空间经济学》,北京:北京大学出版社2018年版。

[86]张国峰、王永进、李坤望:《产业集聚与企业出口:基于社交与沟通外溢效应的考察》,《世界经济》2016年第2期,第48—74页。

[87]张杰、李勇、刘志彪:《出口与中国本土企业生产率——基于江苏制造业企业的实证分析》,《管理世界》2008 年第 11 期,第 50—64 页。

[88]张杰、李勇、刘志彪:《出口促进中国企业生产率提高吗?——来自中国本土制造业企业的经验证据:1999—2003》,《管理世界》2009 年第 12 期,第 11—26 页。

[89]张杰、刘志彪、张少军:《制度扭曲与中国本土企业的出口扩张》,《世界经济》2008 年第 10 期,第 3—11 页。

[90]张杰、张帆、陈志远:《出口与企业生产率关系的新检验:中国经验》,《世界经济》2016 年第 6 期,第 54—76 页。

[91]张杰、张培丽、黄泰岩:《市场分割推动了中国企业出口吗?》,《经济研究》2010 年第 8 期,第 29—41 页。

[92]张杰、毕钰、金岳:《中国高新区"以升促建"政策对企业创新的激励效应》,《管理世界》2021 年第 7 期,第 76—91 页。

[93]张杰、郑文平、束兰根:《融资约束如何影响中国企业出口的二元边际?》,《世界经济文汇》2013 年第 4 期:59—80 页。

[94]张杰、郑文平:《政府补贴如何影响中国企业出口的二元边际》,《世界经济》2015 年第 6 期,第 22—48 页。

[95]章韬、戚人杰:《集聚—出口双促进政策的溢出效应——来自出口加工区的微观企业证据》,《国际贸易问题》2017 年第 3 期,第 26—38 页。

[96]张艳、唐宜红、李兵:《中国出口企业"生产率悖论"——基于国内市场分割的解释》,《国际贸易问题》2014 年第 10 期,第 23—33 页。

[97]赵婷、金祥荣:《出口集聚之溢出效应研究——基于中国企业层面数据的实证分析》,《浙江社会科学》2011 年第 6 期,第 16—25 页。

[98]赵伟、赵金亮:《生产率决定中国企业出口倾向吗?——企业所有制异质性视角的分析》,《财贸经济》2011 年第 5 期,第 100—105 页。

[99]赵晓雷、邵帅、杨莉莉:《管理体制与中国开发区经济发展效率增长——基于 Malmquist 指数和 GMM 的实证分析》,《财经研究》2011 年第 8 期,第 4—15 页。

[100]赵永亮、杨子晖、苏启林:《出口集聚企业"双重成长环境"下的学习能力与企业生产率之谜》,《管理世界》2014 年第 1 期,第 40—57 页。

[101]赵玉奇、柯善咨:《市场分割、出口企业的生产率准入门槛与"中国制造"》,《世界经济》2016 年第 9 期。

[102]郑江淮、高彦彦、胡小文:《企业"扎堆"、技术升级与经济绩效》,《经济研究》2008年第5期,第33—46页。

[103]郑思齐、宋志达、孙伟增、吴璟:《区位导向性政策与高质量就业——基于中国开发区设立的实证研究》,《华东师范大学学报(哲学社会科学版)》2020年第5期,第157—188页。

[104]周茂、陆毅、杜艳、姚星:《开发区设立与地区制造业升级》,《中国工业经济》2018年第3期,第62—79页。

[105]周琢、陈钧浩:《出口退税和汇率变动对中国出口企业利润率的影响》,《世界经济》2016年第12期,第95—120页。

[106]朱希伟、金祥荣、罗德明:《国内市场分割与中国的出口贸易扩张》,《经济研究》2005年第1期,第68—76页。

[107]朱仲羽:《经济国际化进程与经济性特区功能形态的演变:兼论中国开发区的转型取向》,《世界经济》2001年第12期,第69—72页。

[108]Aw, B. Y. and Hwang, A. R. , "Productivity and the export market:a firm-level analysis", *Journal of Development Economics*, 1995, 47(2):313—332.

[109]Aw, B. Y. , Chung, S. and Roberts, M. J. , "Productivity and turnover in the export market:micro-level evidence from the Republic of Korea and Taiwan (China)", *the World Bank Economic Review*, 2000, 14(1):65—90.

[110]Abadie, A. and Imbens, G. W. , "Large sample properties of matching estimators for average treatment effects", *Econometrica*, 2006, 74(1):235—267.

[111]Alder, S. Shao, L. and Zilibotti, F. , "Economic reforms and industrial policy in a panel of Chinese cities", *Journal of Economic Growth*, 2016, 21(4):305—349.

[112]Aw, B. Y. , Roberts, M. J. and Winston, T. , "Export market participation, investments in R&D and worker training, and the evolution of firm productivity", *The World Economy*, 2007, 30(1):83—104.

[113]Aw, B. Y. Chung, S. and Roberts, M. J. , "Productivity and turnover in the export market:micro-level evidence from the Republic of Korea and Taiwan (China)", *World Bank Economic Review*, 2000, 141(1):65—90.

[114]Bachtler, J. , "Place-based policy and regional development in Europe", *Horizons*, 2010, 10(44):54—58.

[115]Baldwin, J. R. and Gu, W. , "Export-market participation and productivity performance in Canadian manufacturing", *Canadian Journal of Economics*, 2003, 36(3):634—657.

[116]Bernard, A. B. , Eaton, J. , Jensen, J. and Kortum, S. , "Plants and productivity in international trade", *American Economic Review*, 2003, 93(4):1268—1290.

[117]Bernard, A. B. and Jensen, J. B. , "Exporters, skill upgrading, and the wage gap", *Journal of International Economics*, 1997, (42):3—31.

[118]Bernard, A. B. and Jensen, J. B. , "Exceptional exporter performance: cause, effect, or both", *Journal of International Economics*, 1999, 47(1):1—25.

[119]Bernard, A. B. and Jensen, J. B. , "Why some firms export", *Review of Economics and Statistics*, 2004, 86(2):561—569.

[120]Bernard, A. B. , Jensen, J. B. and Lawrence, R. Z. , "Exporters, jobs, and wages in US manufacturing: 1976—1987", *Brookings Papers on Economic Activity, Microeconomics*, 1995(1995):67—119.

[121]Bernard, A. B. and Wagner, J. , "Exports and success in german manufacturing", *Weltwirtschaftliches Archiv*, 1997, 133(1):134—157.

[122]Billings, S. , "Do enterprise zones work? an analysis at the borders", *Public Finance Review*, 2009, 37(1):68—93.

[123]Boarnet, M. G. and Bogart, W. T. , "Enterprise zones and employment: evidence from New Jersey", *Journal of Urban Economics*, 1996, 40(2):198—215.

[124]Brant, L. , Biesebroeck J. V. and Zhang, Y. , "Creative accounting or creative destruction? firm-level productivity growth in Chinese manufacturing", *Journal of Development Economics*, 2012(97):339—351.

[125]Brandt, L. , Johannes, V. B. and Zhan, Y. , "Challenges of working with the Chinese NBS firm-level data", *China Economic Review*, 2014(30):339—352.

[126]Briant, A. , Lafourcade, M. , and Schmutz, B. , "Can tax breaks beat geography? Lessons from the French enterprise zone experience", *American Economic Journal: Economic Policy*, 2015, 7(2):88—124.

[127]Busso, M. , Gregory, J. and Kline, P. , "Assessing the incidence and efficiency of a prominent place based policy", *American Economic Review*, 2013, 103(2):897

—947.

[128]Cai, H. and Liu, Q., "Competition and corporate tax avoidance: evidence from Chinese industry firms", *The Economic Journal*, 2009, 119(537):164—195.

[129]Chaney, T., *Liquidity Constrained Exporters*, Mimeo, University of Chicago, 2005.

[130]Chen, B., Lu, M., Timmins, C. and Xiang, K., "Spatial misallocation: Evaluating place-based policies using a natural experiment in China", NBER working paper 2019, 26148.

[131]Claessens, S. and Tzioumis, K., "Measuring firms' access to finance", World Bank and Brooking Conference Paper, mimeo, 2006.

[132]Clerides, S. K., Lach, S. and Tybout, J. R., "Is learning by exporting important? Micro-dynamic evidence from Colombia, Mexico, and Morocco", *The Quarterly Journal of Economics*, 1998, 113(3):903—947.

[133]Combes, P., Duranton, G. and Gobillon, L., "The identification of agglomeration economies", *Journal of Economic Geography*, 2011, 11(2):253—266.

[134]Crespi, G., Criscuolo, C. and Haskel, J., "Productivity, exporting, and the learning-by-exporting hypothesis: direct evidence from UK firms", *Canadian Journal of Economics*, 2008, 41(2):619—638.

[135]Dai, M., Maitra, M. and Yu, M., "Unexceptional exporter performance in China? the role of processing trade", *Journal of Development Economics*, 2016(121): 177—189.

[136]Defever, F. and Riaño, A., "Subsidies with export share requirements in China", *Journal of Development Economics*, 2017(126):33—51.

[137]De Loecker, J., "Do exports generate higher productivity? evidence from Slovenia", *Journal of International Economics*, 2007, 73(1):69—98.

[138]Devereux, M. P., Griffith, R. and Simpson, H., "Firm location decisions, regional grants and agglomeration externalities", *Journal of Public Economics*, 2007, 91(3,4):413—435.

[139]Du, J., Lu, Y., Tao, Z. and Yu, L., "Do domestic and foreign exporters differ in learning by exporting? evidence from China", *China Economic Review*, 2012, 23

(2):296—315.

[140]Ehrlich,M. V. ,and Seidel,T. ,"The persistent effects of place-based policy:Evidence from the West-German Zonenrandgebiet",*American Economic Journal: Economic Policy*,2018,10(4):344—374.

[141]Freedman,M. ,"Targeted business incentives and local labor markets",*Journal of Human Resources*,2013,48(2):311—344.

[142]Frick,S. A. ,Rodríguez-Pose,A. and Wong,M. D. ,"Toward economically dynamic special economic zones in emerging countries",*Economic Geography*,2019,95(1):30—64.

[143]Forlani,E. ,"Liquidity constraints and firm's export activity",Working paper,Universite Catholique de Louvain-CORE,2010.

[144]Ge,W. ,"Special economic zones and the opening of the Chinese economy:some lessons for economic liberalization",*World Development*,1999,27(7):1267—1285.

[145]Givord,P. ,Quantin,S. and Trevien,C. ,"A long-term evaluation of the first generation of French Urban enterprise zones",*Journal of Urban Economics*,2018(105):149—161.

[146]Givord,P. ,Rathelot,R. and Sillard,P. ,"Place-based tax exemptions and displacement effects:an evaluation of the zones franches urbaines program",*Regional Science and Urban Economics*,2013,43(1):151—163.

[147]Glaeser,E. and Joshua,G. ,"The economies of place-making policies",*Brookings Papers on Economic Activity*,2008,38(1):155—253.

[148]Gobillon,L. ,Magnac,T. and Selod,H. ,"Do unemployed workers benefit from enterprise zones? The French experience",*Journal of Public Economics*,2012,96(9—10):881—892.

[149]Gorg,H. ,Michael,H. and Eric,S. ,"Grant support and exporting activity",*The Review of Economics and Statistics*,2008(90):168—174.

[150]Greenaway,D. ,Guariglia,A. and Kneller,R. ,"Financial factors and exporting decisions",*Journal of International Economics*,2007,73(2):377—395.

[151]Greenaway,D. and Kneller,R. ,"Exporting and productivity in the united

Kingdom", *Oxford Review of Economic Policy*, 2004, 20(3): 358—371.

[152] Greenaway, D., Sousa, N. and Wakelin, K., "Do domestic firms learn to export from multinationals", *European Journal of Political Economy*, 2004, 20(4): 1027—1043.

[153] Grima, S., Greenaway, D. and Kneller, R., "Does exporting increase productivity? a microeconometric analysis of matched firms", *Review of International Economics*, 2004, 12(5): 855—866.

[154] Grima, S., Gorg, H. and Wagner, J., "Subsidies and exports in Germany: first evidence from enterprise panel data", Institute for the Study of Labor Discussion Paper, 2009(4076).

[155] Ham, J. C., Swenson, C., İmrohoroğlu, A. and Song, H., "Government programs can improve local labor markets: evidence from state enterprise zones, federal empowerment zones and federal enterprise community", *Journal of Public Economics*, 2011, 95(7—8): 779—797.

[156] Hanson, A. and Rohlin, S., "Do spatially targeted redevelopment programs spillover", *Regional Science and Urban Economics*, 2013, 43(1): 86—100.

[157] Huang, Z., He, C. and Zhu, S., "Do China's economic development zones improve land use efficiency? the effects of selection, factor accumulation and agglomeration", *Landscape and Urban Planning*, 2017(162): 145—156.

[158] Jayanthakumaran, K., "Benefit-cost appraisals of export processing zones: a survey of the literature", *Development Policy Review*, 2003, 21(1): 51—65.

[159] Johansson, H. and Nilsson, L., "Export processing zones as catalysts", *World Development*, 1997, 25(12): 2115—2128.

[160] Kasahara, H. and Lapham, B., "Productivity and the decision to import and export: theory and evidence", *Journal of International Economics*, 2013, 89(2): 297—316.

[161] Kimura, F. and Kiyota, K., "Exports, FDI, and productivity: dynamic evidence from Japanese firms", *Review of World Economics*, 2006, 142(4): 695—719.

[162] Kline, P., "Place based policies, heterogeneity, and agglomeration", *American Economic Review*, 2010, 100(2): 383—387.

[163]Kline, P. and Moretti, E. ,"People, places, and public policy: some simple welfare economics of local economic development programs", *The Annual Review of Economics*, 2014(6):629—662.

[164]Kneller, R. A. and Pisu, M. ,"Industrial linkages and export spillovers from FDI", *World Economy*, 2007(30):105—134.

[165]Koenig, P. ,"Agglomeration and the export decisions of French firms", *Journal of Urban Economics*, 2009(66):186—295.

[166]Krautheim, S. ,"Gravity and information: heterogeneous firms, exporter networks and the 'distance Puzzle'", ECO Working Paper, 2007(51).

[167]Levinsohn, J. and Petrin, A. ,"Estimating production functions using inputs to control for unobservables", *The Review of Economic Studies*, 2003, 70(2):317—341.

[168]Li, P. , Li, L. and Zhang, X. ," Regional inequality of firms' export opportunity in China: geographical location and economic openness", *Sustainability*, 2020, 12(1):1—16.

[169]Lovely, M. E. , Rosenthal, S. S. and Sharma, S. ,"Information, agglomeration, and the headquarters of US exporters", *Regional Science and Urban Economics*, 2005, 35(2):167—191.

[170]Lu, J. , Lu, Y. and Tao, Z. ,"Exporting behavior of foreign affiliates: theory and evidence", *Journal of International Economics*, 2010, 81(2):197—205.

[171]Lu, Y. , Wang, J. and Zhu, L. ,"Do Place-based policies work? micro-level evidence from China's economic zone program", Working Paper, Available at http://dx. doi. org/10. 2139/ssrn. 2635851, 2015.

[172]Luo, D. , Liu, Y. , Wu, Y. , Zhu, X. and Jin, X. ,"Does development zone have spillover effect in China", *Journal of the Asia pacific economy*, 2015, 20(3):489—516.

[173]Máñez-Castillejo, J. A. , Rochina-Barrachina, M. E. and Sanchis-Llopis, J. A. ,"Does firm size affect self-selection and learning-by-exporting", *World Economy*, 2010, 33(3):315—346.

[174]Mayer, T. , Mayneris, F. and Py, L. ,"The impact of urban enterprise zones

on establishment location decisions and labor market outcomes: evidence from France",*Journal of Economic Geography*,2017,17(4):709—752.

[175]Melitz,M. J. ,"The impact of trade on intra-Industry reallocations and aggregate industry productivity",*Econometrica*,2003,71(6):1695—1725.

[176]Melitz,M. J. and Ottaviano,G. I. P. ,"Market size,trade,and productivity",*The Review of Economic Studies*,2008,75(1):295—316.

[177]Manova,K. ,"Credit constraints,equity market liberalizations and international trade",*Journal of International Economics*,2008,76(1):33—47.

[178]Manova,K. , "Credit constraints, heterogeneous firms, and international trade",*Review of Economic Studies*,2013,80(2):711—744.

[179]Martins,P. S. and Yang,Y. ,"The impact of exporting on firm productivity:a meta-analysis of the learning-by-exporting hypothesis",*Review of World Economics*,2009,145(3):431—445.

[180]McCann,P. and Rodríguez-Pose,A. ,"Why and when development policy should be place-based",OECD Regional Outlook,2011:203—213.

[181]Neumark,D. and Kolko,J. ,"Do enterprise zones create jobs? evidence from California's enterprise zone program",*Journal of Urban Economics*,2010,68(1):1—19.

[182]Neumark,D. and Simpson,H. ,"Place-based policies",*Handbook of Regional and Urban Economics*,Elsevier,2015(5):1197—1287.

[183]Olley,G. S. and Pakes,A. ,"The dynamics of productivity in the telecommunications equipment industry",*Econometrica*,1996,64(6):1263—1297.

[184]Partridge,M. D. ,and Rickman,D. S. ,"Place-based policy and rural poverty:insights from the urban spatial mismatch literature",*Cambridge Journal of Regions,Economy and Society*,2008,1(1):131—156.

[185]Partridge,M. D. ,Rickman,D. S. ,Olfert,R. and Tan,Y. ,"When spatial equilibrium fails:Is place-based policy second best",*Regional Studies*,2015,49(8):1303—1325.

[186]Reynolds,C. L. and Rohlin,S. ,"Do location-based tax incentives improve quality of life and quality of business environment?",*Journal of Regional Science*,

2014,54(1):1—32.

[187]Rubin B,Richards C. ,"A transatlantic comparison of enterprise zone impacts: The British and American experience", *Economic Development Quarterly*, 1992,6(4):431—443.

[188]Salomon,R. and Jin,B. ,"Does knowledge spill to leaders or laggards? Exploring industry heterogeneity in learning by exporting", Journal of International Business Studies,2008,39(1):132—150.

[189]Salomon,R. M. and Shaver,J. M. ,"Learning by exporting: New insights from examining firm innovation", *Journal of Economics & Management Strategy*, 2005,14(2):431—460.

[190]Schminke,A. and Biesebroeck,J. V. ,"Using export market performance to evaluate regional preferential policies in China", *Review of World Economics*, 2013,149(2):343—367.

[191]Serti,F. and Tomasi,C. ,"Self-selection and post-entry effects of exports: evidence from Italian manufacturing firms",*Review of World Economics*,2008,144(4):660—694.

[192]Silva,A. ,Afonso,O. and Africano,A. P. ,"Learning-by-exporting: What we know and what we would like to know",*The International Trade Journal*,2012, 26(3):255—288.

[193]Thissen,M. and Van Oort,F. ,"European place - based development policy and sustainable economic agglomeration",*Tijdschrift Voor Economische En Sociale Geografie*,2010,101(4):473—480.

[194]Toshihiro,O. and Tomiura,E. ,"Regional variations in productivity premium of exporters: evidence from plant-level data", RIETI Discussion Paper, 2013(13005).

[195]Wagner,J. ,"The causal effects of exports on firm size and labor productivity: first evidence from a matching approach",*Economics Letters*,2002,77(2):287—292.

[196]Wagner,J. ,"Exports and productivity: a survey of the evidence from firm-level data",*World Economy*,2007,30(1):60—82.

[197]Wang, J. , "The economic impact of special economic zones: evidence from Chinese municipalities", *Journal of Development Economics*, 2013(101): 133—147.

[198]Yang, R. and He, C. , "The productivity puzzle of Chinese exporters: perspectives of local protection and spillover effects", *Papers in Regional Science*, 2014, 93(2): 367—384.

[199]Yang, Y. and Mallick, S. , "Export premium, self-selection and learning-by-exporting: evidence from Chinese matched firms", *The World Economy*, 2010, 33(10): 1218—1240.

[200]Zheng, G. , Barbieri, E. , Di Tommaso, M. R. and Zhang, L. , "Development zones and local economic growth: zooming in on the Chinese case", *China Economic Review*, 2016(38): 238—249.

[201]Zheng, S. , Sun, W. , Wu, J. and Kahn, M. E. , "The birth of edge cities in China: measuring the effects of industrial parks policy", *Journal of Urban Economics*, 2017(100): 80—103.